REPÚBLICA DEMOCRÁTICA DO PENSAMENTO ÚNICO

O PAPEL DA IMPRENSA, O ESTADO CONTROLADOR E A LIBERDADE DE PENSAMENTO NO BRASIL

IANKER ZIMMER

REPÚBLICA DEMOCRÁTICA DO PENSAMENTO ÚNICO

O PAPEL DA IMPRENSA, O ESTADO CONTROLADOR E A LIBERDADE DE PENSAMENTO NO BRASIL

Apresentação de
LUCAS BERLANZA

Posfácio de
RICARDO VÉLEZ-RODRÍGUEZ

70

REPÚBLICA DEMOCRÁTICA DO PENSAMENTO ÚNICO
O PAPEL DA IMPRENSA, O ESTADO CONTROLADOR
E A LIBERDADE DE PENSAMENTO NO BRASIL

Autor: Ianker Zimmer

Diretor Almedina Brasil: Rodrigo Mentz
Editor de Ciências Sociais e Humanas: Marco Pace
Revisão: André P. Souza

Diagramação: Almedina
Design de Capa: Roberta Bassanetto

ISBN: 9786586618785
Dezembro, 2021

Dados Internacionais de Catalogação na Publicação (CIP)
(Câmara Brasileira do Livro, SP, Brasil)

Zimmer, Ianker
República democrática do pensamento único :
o papel da imprensa, o Estado controlador e a
liberdade de pensamento no Brasil / Ianker Zimmer.
São Paulo : Edições 70, 2021.

ISBN 978-65-86618-78-5

1. Ciências políticas 2. Democracia - Brasil
3. Jornalismo 4. Liberalismo – História
5. Libertarianismo 6. O Estado 7. Pensamento I. Título.

21-86297 CDD-320

Índices para catálogo sistemático:

1. Ciências políticas 320

Maria Alice Ferreira – Bibliotecária – CRB-8/7964

Este livro segue as regras do novo Acordo Ortográfico da Língua Portuguesa (1990).

Editora: Almedina Brasil
Rua José Maria Lisboa, 860, Conj. 131 e 132, Jardim Paulista | 01423-001 São Paulo | Brasil
editora@almedina.com.br
www.almedina.com.br

Quando os justos governam, alegra-se o povo;
mas quando o ímpio domina, o povo geme.

Provérbios 29:2

À minha mãe Marli T. A. Zimmer (*in memoriam*),
à minha doce e amada esposa, Bruna Zimmer,
e aos meus irmãos Cheila e Leonardo Zimmer.

AO LEITOR

Este livro surge no ensejo de estimular o leitor a refletir sobre nossas questões sociais e políticas no Brasil atual. Se em A *Filosofia do Fracasso: Ensaios Antirrevolucionários* (2020) partimos de uma perspectiva positiva para o governo Bolsonaro, agora, passados dois anos a partir do início do processo de escrita dos textos deste volume, apertei a pena no papel e adotei uma postura mais crítica. Como vamos ver, ou ler, nas próximas páginas, o bom conservador-liberal tem no ceticismo um de seus pilares. E esta é, justamente, uma das principais admoestações que faço à nova direita que surgiu após 2013. O senso crítico, parece-me, foi engolido pelo fanatismo.

A esquerda, por sua vez, não deixa de ser quem sempre foi, sobretudo parte da mídia brasileira, que é tendenciosa e viciada. Se, de um lado, nossa imprensa foi – e, se tratando de imprensa tradicional, ainda é – dominada por marxistas nas últimas décadas, que das redações obtinham e/ou obtém o controle quase que absoluto das narrativas ideológicas e políticas – e este tema será aprofundado no rico posfácio escrito pelo professor e ex-ministro da Educação, Ricardo Vélez-Rodríguez –, de outro, com a eclosão das redes sociais, os movimentos de direita ganharam voz, esta amplificada pelo fenômeno bolsonarista. É nesse sentido que nos primeiros capítulos deste breve livro abordo aspectos importantes do fazer jornalístico e seus gêneros e subgêneros. Em meio à guerra político-ideológica travada em nossa terra, observamos que os próprios profissionais da imprensa não fazem distinção entre os gêneros. O que esperar, então, dos aventureiros da internet que produzem conteúdo e obtiveram uma notoriedade significativa atualmente nas redes?

A segunda parte do livro é composta por uma crítica ao estado burocrático brasileiro e suas amarras. Como bem disse George Washington, "o estado é, na melhor das hipóteses, um empregado petulante e, na pior das hipóteses, um senhor tirânico". E em alguns textos isso ficará explícito ou até implícito. Outrossim, critico a nova direita, que em muitos aspectos, infelizmente, não difere da militância de esquerda – a começar pela agressividade de muitos e pela ausência de liberdade de pensamento. Livre pensamento, aliás, que considero eixo-central desta parte do livro, que finda com conselhos e exortações, garimpadas de grandes pensadores da História, a nossos governantes no Brasil, que como vamos ler, exercem suas funções com zombaria. Mas esse é o Brasil.

> "Nada é mais maravilhoso do que a arte de ser livre, mas nada é mais difícil de aprender do que a liberdade."
>
> (Alexis de Tocqueville)

Tenham uma boa leitura!

Novo Hamburgo, 20 de setembro de 2021.

Ianker Zimmer

APRESENTAÇÃO

Ao redigir um texto de contracapa para o primeiro livro de Ianker Zimmer, A Filosofia do Fracasso: Ensaios Revolucionários, ressaltei na produção do autor, cujos artigos tenho tido a honra de editar para publicação pelo Instituto Liberal, o cuidado com a necessidade de não perder o aprofundamento na precisão conceitual, ancorando-se na sabedoria da experiência histórica e das melhores mentes do passado para denunciar os utopistas vazios do presente. Ao mesmo tempo, enalteci sua postura de soldado sincero e dedicado do Jornalismo, vítima constante da ação, ora sub-reptícia, ora insuportavelmente explícita, de inteligências corrompidas pelas armadilhas ideológicas de nosso tempo.

Nesta obra, comprazo-me em assegurar que Ianker segue sem se afastar dessas virtudes. Suas preocupações temáticas, aqui particularmente sistematizadas e distribuídas em duas grandes partes bem definidas, permanecem também essencialmente as mesmas: o fazer jornalístico, a natureza e a missão da imprensa como pilar da sociedade livre, e o diagnóstico de sua perversão pelos agentes do patrulhamento ideológico, de um lado; de outro, a intimidade do socialismo e de suas inconsistências, em contraste com os imperativos do mundo real. O jornalista demonstra toda a sua versatilidade ao mesclar reflexões teóricas pessoais, o recurso às melhores bibliografias e entrevistas com amigos e parceiros em sua jornada de devoção ao conhecimento, de modo a fundamentar, com a maior riqueza possível, as questões essenciais de que está tratando.

A primeira parte, "Jornalismo, conceitos e marxismo", dá conta do universo jornalístico, suas especificidades e sua utilização como arena de batalha pelas ideias por parte da esquerda contemporânea. O impacto dos novos tempos e dos avanços tecnológicos no Jornalismo, a diversidade de gêneros jornalísticos, a problemática da opinião e seu lugar em relação à notícia, são alguns dos temas que Ianker destrincha ao começo desta seção, sem deixar de fazer a devida contextualização histórica e descortinar o desenvolvimento desse campo tão importante para o enraizamento de uma cultura de liberdade. Em busca de uma ilustração com um dos melhores profissionais, inclui-se aqui uma entrevista com o grande fotojornalista de Harvard Greg Marinovich, em rico diálogo que permite refletir sobre a questão ética na profissão. Esta parte inicial se encerra com uma série de entrevistas em que o autor procura diagnosticar, a partir de diferentes pontos de vista, a real dimensão da presença da esquerda na imprensa, diante das fábricas de militantes socialistas ou submarxistas em que, em boa medida, se converteram as universidades.

É o socialismo o protagonista da segunda parte, a mais extensa do livro, mas associado a uma complementação relevante, definidora da cultura política brasileira, de raiz patrimonialista: o Estado controlador e burocrático, cujas teias providencialistas são sempre reivindicadas, não importam os riscos a que se exponha a liberdade individual para a obtenção de suas falsas prodigalidades. Essa parte está repleta de ocasiões em que Ianker dá vazão ao seu talento para estabelecer um diálogo entre os grandes autores e os dramas vivenciados em nossa realidade, em honesta tentativa de compreender a natureza de nossos problemas e apontar soluções.

Entre essas soluções, está o pensamento liberal de Adam Smith, empregado para criticar a aposta, que deixa impressão de quase onipresença em nosso meio, no intervencionismo do Estado nos menores detalhes como geradora de prejuízos de proporções imprevisíveis. O intervencionismo, o burocratismo, o excesso regulamentador, "coloridos" ou não pela retórica sedutora do socialismo e das diversas vertentes da esquerda, sempre se apoiam em percepções perigosamente simplistas da realidade. Os dardos de Ianker se voltam contra esse reducionismo, apreciando a complexidade do real também através de dados factuais, como os que organiza acerca dos entraves burocráticos impostos pelo Estado brasileiro.

Evocando simbolicamente a independência do Brasil para exortar os brasileiros ao espírito da liberdade, Ianker também faz uso de analogias mais corriqueiras, mais próximas à maioria dos leitores, como a imagem da governança de um condomínio representando o país, para sustentar a efetividade prática de medidas que constam dos apelos liberais há tempos, como as políticas de privatização.

Outra preocupação que tem sido constante nas análises de Ianker e se reproduz nesta obra é a capacidade de transformação humana; através das figuras de Dostoiévski, George Orwell e Paulo Francis, ele se dedica a elucidar a possibilidade de superação da cegueira socialista, donde provieram grandes mentes que em muito contribuíram para confrontar os engodos vermelhos. Igualmente, Ianker volta sua atenção para os marcos inaugurais do liberalismo, no pensamento de John Locke, para desaguar em uma apreciação da alternativa parlamentarista.

As falácias do lulopetismo e os malabarismos do ativismo judicial se chocam, em sua abordagem, com a exortação ao pensamento, à autonomia, ao apreço pela verdade, que ele colherá em G. K. Chesterton – um autor que sequer é liberal, mas, com a atitude de se aproveitar de suas lições, mesmo manifestando discordâncias, Ianker apenas dá exemplo, na prática, da nobre proposição que está sustentando.

No ensaio "Do Panfletarismo de Maiacovski na URSS à Prostituição do Gênero Opinativo no Brasil: uma Reflexão Sobre a Verdadeira Liberdade", os dois temas centrais de Ianker se cruzam de forma mais evidente, com o emprego da ferramenta histórica e da analogia para denunciar, com o qualificativo mais justo possível, ainda que duro – "prostituição" –, o que tem sido feito pelos formadores de opinião e comunicadores no Brasil.

Max Weber, Karl Marx, Edmund Burke, Lênin, Trotsky, Roger Scruton e até o orador ateniense Isócrates, entre outros autores, empregados para iluminar os nobres acertos e oferecer as balizas para a edificação dos melhores futuros, ou para dar voz e definição aos erros e males que se quer combater, desfilam pelas páginas de Ianker Zimmer em seu *República Democrática do Pensamento* Único: *o Papel da Imprensa, o Estado Controlador e a Liberdade de Pensamento no Brasil.* Convidamos os leitores a dar o merecido voto de confiança ao mapa construído por Ianker em seu trabalho para dispô-los em colisão e, desse fecundo entrechoque, fazer refulgirem a liberdade e a dignidade do indivíduo como valores fundamentais à vida que vale a pena ser vivida, por oposição ao obscurantismo assassino dos que prometem um novo amanhã, mas o alicerçam sobre o castelo de areia da mentira.

LUCAS BERLANZA
19 de maio de 2020.
Rio de Janeiro (RJ)

SUMÁRIO

PARTE I
JORNALISMO, CONCEITOS E MARXISMO

PARTE II
O ESTADO BUROCRÁTICO E CONTROLADOR E A LIBERDADE DE PENSAMENTO

PARTE I

JORNALISMO, CONCEITOS E MARXISMO

1.

O NOVO NO JORNALISMO NO BRASIL E O PAPEL DO JORNALISTA

Em meu primeiro livro *A Filosofia do Fracasso – Ensaios Antirrevolucionários*, escrevi um pequeno ensaio sobre o papel do jornalista dentro do contexto do novo jornalismo. Leiamos:

"Devido aos avanços na tecnologia, com a propagação da internet e suas facilidades móveis cada vez mais difundidas no dia a dia das comunidades, muitos veículos de comunicação passaram a atuar multiplataforma, com os jornais não mais sendo reféns da versão impressa, se deslocando para o mundo digital. Você conhece algum jornal importante que não tenha um site oficial com conteúdo? Dentro da nova esfera virtual, as mídias sociais, por exemplo, assumiram um papel de protagonismo no jornalismo atual, servindo como plataformas de difusão de notícias para os veículos de comunicação, que disponibilizam nas redes seus conteúdos previamente publicados em seus sites. Assim, há o tão falado "clique" e o redirecionamento ao site, que também oferece outros hiperlinks com mais conteúdos.

Ao longo dos tempos, o jornalismo passa por transformações, inovações, evoluções. Um exemplo clássico disso foi o surgimento da televisão no Brasil, nos anos 1950, com Assis Chateaubriand colocando em risco o rádio, em sua plena "era de ouro". Contudo, o tempo provou que o meio radiofônico não ficaria obsoleto por causa da televisão: ele apenas teria um novo concorrente. O professor, pesquisador e autor Juarez Bahia (1990) afirmou em um de seus estudos que o jornalismo é, justamente, resultado de grandes transformações históricas da imprensa e da sociedade, o que explica tais mudanças. Bahia também garante que, independente do formato ou plataforma utilizada atualmente, o objetivo do jornalismo segue sendo proporcionar informações e notícias de forma periódica às comunidades, ou seja, ele não perde sua essência.

Entretanto, as transformações pelas quais o jornalismo passa ao longo dos tempos ocorrem paralelamente às mudanças sociais. O jornalismo digital, por exemplo, possibilita um avanço no quesito participação do público: o consumidor deixa de ser passivo no processo e assume um papel ativo dentro de uma interatividade jamais vista antes da propagação da internet. Com isso, os consumidores de conteúdo passam para um novo patamar e se tornam mais exigentes.

Tecnicamente, esse fenômeno pode ser melhor entendido com o autor e professor Nilson Lage que, observando o processo histórico de mudanças do jornalismo no Brasil, concluiu que as transformações urbanas criaram uma nova classe ascendente de leitores cada vez mais "avançados" e "modernos". Ou seja: os leitores (consumidores de informação) estão cada vez mais exigentes – e isso ele disse em 2001, antes do surgimento das redes sociais, o que amplifica o processo.

O consumidor de informação dos dias atuais, ao receber ou visualizar um link de notícia de algum veículo de comunicação ou blog de notícia, lê (ou não) e, tendo alguma dúvida ou discordância quanto ao conteúdo, busca outras fontes para checar essas informações (o que é papel crucial do jornalista). Algumas vezes esse consumidor compara como a mesma notícia é publicada por diferentes veículos em suas respectivas plataformas na internet.

Esse fenômeno social-digital obriga o jornalista a ser mais preciso, mais atual, mais didático e, quando o gênero jornalístico for a notícia, ser o mais imparcial possível. É errôneo imaginar que o jornalista não deve manifestar opinião. Muito pelo contrário, a opinião é um dos gêneros essenciais do jornalismo, como podemos ler nos estudos dos especialistas nesse tema José Marques de Melo (1943-2018) e Luiz Beltrão (1918-1986), que em 1980 definiu a opinião como uma "função psicológica, pela qual o ser humano, informado de ideias, fatos ou situações conflitantes, exprime a respeito seu juízo".

Já a notícia é o pilar principal do jornalismo, ao mesmo tempo em que a veracidade é um dos pilares da notícia. Juarez Bahia (1990) definiu a notícia como o "objeto e o fim" do jornalismo. Ou seja, no jornalismo, tudo passa pela notícia, pois é nas redações dos jornais e nos meios de comunicação que ela "adquire conteúdo e forma, expressão e movimento, significado e dinâmica para fixar ou perenizar um acontecimento ou para torná-lo acessível a qualquer pessoa". Assim, portanto, o jornalismo constitui-se como "difusor" da notícia.

Sintetizando: a opinião é fundamental, mas não pode estar travestida de gênero notícia. Os dois gêneros devem caminhar juntos, mas jamais a notícia pode se confundir com opinião. O ideal é o clássico estilo americano – e um dos meus preferidos –, com a notícia seguida da opinião, seja no jornal, no rádio, na televisão ou na internet. Esse formato é o mais profissional e honesto possível, pois oferece conteúdo seguido de crítica para reflexão. Há outros gêneros jornalísticos que podem, também, mesclar informação com opinião, como nas reportagens interpretativas, por exemplo, em que a narrativa expõe um misto de fatos com o feeling do repórter. O artigo (outro importante gênero jornalístico), citando outro exemplo, também é um misto de informação com opinião; mas a notícia não: ela é sagrada e deve ser pura e exclusivamente focada nos fatos.

Notícia é notícia e opinião é opinião há muito tempo, mas na era da revolução digital, com tanto engajamento e interatividade dos consumidores de conteúdo, fica explícito quando não há distinção entre ambos. O bom jornalista precisa ser capaz de entender isso, pois, do contrário, cai na malha fina do novo público consumidor de notícias que, como definiu Nilson Lage, é cada vez mais avançado, moderno e exigente" (ZIMMER, 2020).

Se, de um lado, o jornalismo é considerado um dos pilares das democracias modernas, de outro, ele é contestado por uma parcela da sociedade, que manifesta insatisfação – especialmente nas redes sociais.

Nesse cenário, o breve estudo destes primeiros capítulos discorre no ensejo de contribuir para o entendimento do fazer jornalístico. Como arcabouço, vamos voltar no tempo para entender o início do jornalismo no Brasil e suas principais etapas até os dias atuais. Feito isso, vamos abordar cada um dos gêneros jornalísticos, para que o leitor seja capaz de diferenciá-los e ter um norte ao se informar pelos veículos de imprensa. Este estudo também conta com entrevistas com jornalistas brasileiros para avaliar o atual momento da profissão no país, assim como a trazer-nos entendimento de como o marxismo foi introduzido na mídia brasileira ao longo do último século.

2.

UM ESTUDO SOBRE OS GÊNEROS JORNALÍSTICOS

Ocorre em partes da imprensa brasileira um erro na distinção e, por conseguinte, no uso dos gêneros jornalísticos. Não obstante, o receptor – bombardeado por informações que chegam desde os veículos de imprensa tradicionais como por meio de jornalistas que atuam em blogs, canais no site YouTube, Telegram e outros... –, que não foi treinado para discernir os diferentes gêneros, fica a ver navios dentro do processo de comunicação. É na perspectiva de esclarecer isso, portanto, que traçamos este estudo. De forma científica, vamos usar referências de pesquisa em jornalismo para desdobrar os gêneros jornalísticos e seus subgêneros.

O estudo dos gêneros textuais tem origem com Platão (428-348 a.C) e Aristóteles (385-323 a.C), no período clássico da Grécia antiga. Para os filósofos, os gêneros geram reflexo sobre a identidade dos textos: poesia, prosa, tragédia e comédia são exemplos de discursos.

Felipe Pena (2005) credita a Platão a classificação proposta com a relação entre realidade e literatura, com a seguinte divisão de discurso: mimético, expositivo ou misto. O autor analisa, de forma simples, a questão de gênero, afirmando que são "ordenações e classificações". De acordo com sua definição, "seu objetivo (gênero) é fornecer um mapa para a análise das estratégias do discurso, tipologias, funções, utilidades e outras categorias" (p. 66).

O editor inglês Samuel Buckeley, retrata Pena, foi pioneiro na busca pela classificação dos gêneros no jornalismo (apesar da complexidade do tema), quando, em meados do século XVIII, resolveu "separar o conteúdo do Jornal Daily Courant" em notícias e comentários".

No Brasil, a partir da década de 1960, Luiz Beltrão (1918-1986) propulsiona os estudos sobre os gêneros jornalísticos, e escreve três importantes livros que são marcos no assunto e delimitam os gêneros: A Imprensa Informativa (1969), Jornalismo Interpretativo (1976) e Jornalismo Opinativo (1980). Outro especialista brasileiro no assunto foi José Marques de Melo (1943-2018), com a obra Gêneros Jornalísticos no Brasil, que se tornou referência no estudo dos gêneros.

Em Marques de Melo encontramos a seguinte definição sobre os gêneros no jornalismo:

Um conjunto de parâmetros textuais selecionados em função de uma situação de interação e de expectativa dos agentes do fazer jornalístico, estruturado por um ou mais propósitos comunicativos que resulta em unidades textuais autônomas, relativamente estáveis, identificáveis no todo do processo social de transmissão de informações por meio de uma mídia/suporte (MARQUES DE MELO, 2013).

É natural os consumidores de conteúdo, ou receptores, associarem o jornalismo somente ao subgênero notícia. Entretanto, não é somente delas que é constituído o fazer jornalístico que resulta em seu produto final. Geralmente, em cada edição de jornais, telejornais e de programas de radiojornalismo há um espaço para reflexão, aprofundamento dos assuntos, troca de ideias e debate de opiniões. Nesse sentido, entendemos que a notícia diz respeito ao dia a dia, contudo, outros gêneros jornalísticos expandem os fatos relatados, de acordo com José Jorge Letria e José Goulão (1986, p. 79).

Um exemplo prático a ser citado no radiojornalismo é o estilo do jornalista Diego Casagrande, que em seus espaços na Rádio Bandeirantes (RS) geralmente emite opinião após a notícia. Tem-se, nesse caso, dois gêneros envolvidos no processo noticioso. Casagrande notícia que houve um aumento de impostos no Rio Grande do Sul. Em seguida, faz crítica à alta carga tributária que pesa sobre os brasileiros.

E aqui tomo emprestado com propriedade o pensamento de Diego Casagrande sobre o tema impostos, pois o jornalista político manifesta uma posição muito clara sobre isso. A opinião após a notícia, preciso lembrar, é bem diferente de uma notícia poluída – contaminada por opinião nas entrelinhas. Às vezes, no texto um simples adjetivo já constitui-se opinião.

Apenas sublinhei um exemplo de que a notícia – subgênero que compõe o jornalismo informativo, como veremos em seguida – não é uma ilha no jornalismo, embora dela, quase que via de regra, partam os demais gêneros. Agora, vamos descrever os gêneros jornalísticos, que são divididos em cinco categorias: informativo, opinativo, interpretativo, diversional e utilitário, de acordo com Marques de Melo.

Jornalismo informativo

O objetivo principal do jornalismo é a informação. Assim, o jornalismo informativo constitui-se no "relato puro e simples de fatos pertencentes ao presente imediato ou ao passado socialmente significativo" (BELTRÃO, 1980, p.29). Ou seja, a informação é o carro-chefe do jornalismo. O jornalista pode emitir opinião sobre um erro que encontrou na bula de um remédio. Assim sendo, o jornalista não opina sobre uma notícia, mas sobre uma informação que ele mesmo traz. É a partir da crítica feita que a informação torna-se uma notícia antecedida pela opinião sobre um fato. O que é diferente do exemplo que menciono sobre Diego Casagrande, que emite a opinião sobre uma notícia, um produto jornalístico pronto.

Lailton Alves da Costa (2003) cita Marques de Melo (2003) para definir as características do gênero informativo da seguinte forma:

"O gênero informativo, portanto, é o resultado da articulação que existe, do ponto de vista processual, entre os acontecimentos reais que eclodem na realidade e sua expressão jornalística por meio do relato que visa a informar o receptor do que se passa nessa realidade" (MARQUES DE MELO, 2003 apud COSTA, 2003, p. 63 a 65).

Em seu artigo *Gênero Informativo*, Laura Conde Tresca classifica o jornalismo informativo em quatro categorias (*nota, notícia, reportagem e entrevista*), e também cita Marques de Melo (2003):

"A distinção entre a nota, a notícia e a reportagem está exatamente na progressão dos acontecimentos, sua captação pela instituição jornalística e acessibilidade de que goza o público. A nota corresponde ao relato de acontecimentos que estão em processo de configuração e por isso é mais frequente no rádio e na televisão. A notícia é um relato integral de um fato que já eclodiu no organismo social. A reportagem é o relato ampliado de um acontecimento que já repercutiu no organismo social e produziu alterações que já são percebidas pela instituição jornalística. Por sua vez, a entrevista é um relato que privilegia um ou mais protagonistas do acontecer, possibilitando-lhes um contato direto com a coletividade".

Nesse sentido, desdobramos a seguir cada um dos subgêneros que compõem o jornalismo informativo, usando Costa e Marques de Melo (2003):

Nota: é o "relato de algum acontecimento que está em processo de configuração", segundo Marques de Melo, ou o início de um fato ou acontecimento que pode virar notícia. Geralmente, se trata de algum "furo" jornalístico e, posteriormente, pode ser desdobrado e ampliado (COSTA, 2013, p.55). Assim, entendemos que a nota tem formato e tamanho inferior ao da notícia, com menos caracteres, geralmente em um parágrafo, não necessariamente com composição do lide jornalístico, pois está em processo inicial e, às vezes, não estão disponíveis todos os elementos para composição do lide. De modo semelhante, ocorre nos telejornais e no radiojornalismo.

Notícia: o suporte para os gêneros jornalísticos é quase sempre a notícia, que baseia-se num fato. "*As notícias são a ligação direta dos jornais do cotidiano; outros gêneros jornalísticos existem que vão mais além: indicam os fios condutores que permitem a relação de fatos sem ligação visível*" (LETRIA; GOULÃO, 1986, p. 79).

Já Nilson Lage traz a seguinte definição de notícia:

"Do ponto de vista de estrutura, a notícia se define, no jornalismo moderno, como um relato de uma série de fatos a partir do fato mais importante ou interessante; e de cada fato, a partir do aspecto mais importante ou interessante. Essa definição pode ser considerada por uma série de aspectos. Em primeiro lugar, indica que não se trata exatamente de narrar os acontecimentos, mas de expô-los" (1993, p. 16).

Segundo Beltrão, "*notícia é a narração dos últimos fatos ocorridos ou com possibilidade de ocorrer, em qualquer campo de atividade e que, no julgamento do jornalista, interessam ou têm importância para o público a que se dirigem*". O autor define como atributos da notícia os seguintes elementos: "*imediatismo, veracidade, universalismo, interesse e importância*", além de classificá-la como previsível e imprevisível. (BELTRÃO, 1969, p. 82).

A notícia é o pilar principal do jornalismo e a veracidade um dos pilares da notícia. O estudioso Juarez Bahia afirma que a notícia é o "objeto e o fim" do jornalismo. Ou seja, no jornalismo tudo passa pela notícia, pois é nas redações dos jornais e meios de comunicação que ela "*adquire conteúdo e forma, expressão e movimento, significado e dinâmica para fixar ou perenizar um acontecimento, ou para torná-lo acessível a qualquer pessoa*". Assim, o jornalismo constitui-se como "difusor" da notícia (1990, p.35-36).

Reportagem: José Marques de Melo descreve que a "*reportagem é o relato ampliado de acontecimento que produziu impacto no organismo social*". Em outras palavras, a reportagem é a busca do aprofundamento dos fatos, com exposição de detalhes do assunto de interesse público (COSTA, 2003, p. 55).

Já Nilson Lage faz a distinção entre notícia e reportagem:

"A distância entre reportagem e notícia estabelece-se, na prática, a partir da pauta, isto é, do projeto de texto. Para as notícias, as pautas são apenas indicações de fatos programados, da continuação de eventos já ocorridos e dos quais se espera desdobramento. No restante, os sistemas de captação de notícias mantêm contato permanente com os setores que registram primeiro acontecimentos de interesse público, desde o

parlamento até a delegacia de polícia. Reportagens supõem outro nível de planejamento. Os assuntos estão sempre disponíveis e podem ou não ser atualizados por um acontecimento. Faz-se reportagem sobre a situação da classe operária, a propósito de uma onda de greves ou sem qualquer motivo especial. A pauta deve indicar de que maneira o assunto será abordado, que tipo e quantas ilustrações, o tempo de apuração, os deslocamentos da equipe, o tamanho e até o estilo da matéria; para tudo isso, é preciso dispor de dados" (1993, p. 47).

Lage explica que, enquanto a notícia é trabalhada mediante fatos, a reportagem "trata de assuntos", sendo elaborada de forma "planejada", com enfoque e obedecendo à linha editorial do veículo. Contudo, a reportagem tem outros aspectos que a diferenciam da notícia, como um "estilo menos rígido", variando conforme o veículo e público, e com linguagem "mais leve", com técnicas que humanizam as histórias (1993, pág.47-51).

O repórter é visto como uma "testemunha ou um investigador", de acordo com Philippe Gaillard. Segundo o autor, o repórter "*assiste aos acontecimentos previstos e se esforça por estabelecer a sucessão dos fatos de um acontecimento fortuito*", além de ser um "*jornalista enviado a um lugar para ver, ouvir, sentir, anotar e, finalmente, relatar o acontecimento*" (1971, p. 49-50).

Parra o repórter ser uma testemunha dos acontecimentos, ele precisa estar fora da redação, ou seja, na rua, onde os fatos acontecem. Assim, com a experiência própria da vida de reportagem, o jornalista e autor Ricardo Kotscho descreve a missão do repórter: "*Contar tudo o que aconteceu, não parando de garimpar a informação enquanto ele próprio não estiver absolutamente seguro sobre todos os fatos que colocará no papel*" (1989, p. 25).

Entrevista: no sentido técnico, podemos afirmar que a entrevista é constituída por relatos de determinadas pessoas, sendo uma ou mais, com mediação de um repórter. Com isso, a entrevista é função essencial no papel da atividade jornalística (MARQUES DE MELO, 2006).

Enquanto isso, Cremilda Medina sustenta que "*a entrevista, nas suas diferentes aplicações, é uma técnica de interação social, de interpenetração informativa, quebrando assim isolamentos grupais, individuais, sociais*". Segundo a autora, a entrevista abre espaço às diferentes vozes da sociedade, democratizando o processo de informação. Medina (2008, p.8) sintetiza a entrevista em dois momentos: 1) Especularização do entrevistado, que é subdividida em quatro subgêneros: "Perfil pitoresco", "perfil do inusitado", "perfil da condenação" e "perfil da ironia intelectualizada"; 2) Objetivo de compreensão do entrevistado, que é dividido em cinco subgêneros: "Entrevista conceitual", "entrevista/enquete", "entrevista investigativa", "confrontação" e, por último, "perfil humanizado" (2008, p. 15-18).

Além disso, conforme Edgar Morin, tem-se uma enumeração de quatro tipos de entrevistas: entrevista rito, que é o ato de obter uma palavra, entrevista anedótica, que é a entrevista descontraída e de conversações frívolas, entrevista-diálogo, que é um diálogo com colaboração entre o entrevistador e o entrevistado em busca de uma verdade, e as neoconfissões, que têm "profundidade na psicologia social" (MORIN apud MEDINA, 2008, p. 15).

Luiz Amaral, por sua vez, define entrevista, no sentido de linguagem jornalística, como "*encontro com alguma pessoa com a finalidade de interrogá-la sobre seus atos e ideias, e o conjunto das declarações com autorização implícita ou formal para publicá-las*". O autor classifica a entrevista em três tipos: noticiosa, opinativa e atualidade. (1986, p. 125).

Gaillard, no entanto, divide a entrevista em apenas duas categorias: na primeira, o objetivo é "*obter do entrevistado informações sobre um assunto em que ele é especialista; na segunda, trata-se de conhecer a personalidade do entrevistado*" (1971, p. 75). No jornalismo televisivo, um exemplo de entrevista é o Conversa com Bial, embora este tenha um perfil também voltado ao entretenimento.

Jornalismo opinativo

Em tempos de difusão das redes sociais, a opinião do receptor tem seu espaço cada vez mais ampliado e passa a bater de frente ou ter familiaridade com a opinião emitida pelo jornalista. No sentido geral, define-se opinião como "*função psicológica pela qual o ser humano, informado de ideias, fatos ou situações conflitantes, exprime a respeito seu juízo*" (BELTRÃO, 1980, p. 14).

Quando se trata de jornalismo opinativo, podemos afirmar que esse gênero surge com o próprio jornalismo brasileiro, sob a responsabilidade de Hipólito Costa, que editava em Londres o *Correio Braziliense* (1° de junho de 1808).

Os textos de opinião quase sempre partem de algum acontecimento que virou notícia. Assim, entendemos que se pode manifestar opinião em texto, por exemplo, após o *impeachment* de um presidente da República, após algum escândalo político, após alguma notícia de impacto na sociedade ou na comunidade local, sobre esporte, sociedade ou sobre qualquer assunto que se tornou notícia, com mais ou menos relevância. O jornalismo opinativo, nesse sentido, também abre espaço aos leitores, podendo orientá-los:

"O jornal tem o dever de exercitar a opinião: ela é que valoriza e engrandece a atividade profissional, pois, quando expressa com honestidade e dignidade, com a reta intenção de orientar o leitor, sem tergiversar ou violentar a sacralidade das ocorrências, se torna fator importante na opção da comunidade pelo mais seguro caminho à obtenção do bem-estar e da harmonia social" (BELTRÃO, 1980, p. 89, apud SOUZA, 2013, p. 6).

Segundo Marques de Melo (2006), são oito os formatos de jornalismo opinativo: *editorial, comentário, artigo, resenha, coluna, crônica, caricatura e carta*, que são apresentados a seguir.

Editorial: as décadas de 1950 e 1960 e seu processo de modernização foram determinantes para um marco no jornalismo brasileiro, a distinção das funções noticiosa e opinativa, de acordo com Bahia (1990).

O editorial nada mais é do que a voz de determinado veículo ou empresa, a partir de fatos que repercutem, de acordo com Marques de Melo, que segue descrevendo:

"Opinião das forças que mantém a instituição jornalística (proprietários, jornalistas, acionistas, anunciantes, leitores). Sinaliza à opinião pública, pretendendo nela influir. Predominante nos jornais, perde intensidade nas revistas, figurando episodicamente no rádio e na televisão e ressurge na internet)".

Juarez Bahia atribui a origem do editorial nos jornais à necessidade de valorização da opinião, com influência dos modelos usados nos Estados Unidos e na Inglaterra. Segundo o autor, "*tecnicamente esse conceito de página editorial visa não só separar a notícia da opinião como dar significação jornalística e gráfica ao pensamento oficial do veículo*" (1990, p. 106).

Comentário: o comentário tem origem no jornalismo norte-americano, com jornalistas de prestígio e "*nome, explicando as notícias, circunstâncias e suas consequências*", sem, necessariamente, expor opinião de maneira explícita (MARQUES DE MELO).

No Brasil, os telejornais e programas de rádio se destacam, tradicionalmente, nesse assunto, com inserções de comentaristas de diversos segmentos, como política, esportes e economia, durante a exibição dos programas. Cito aqui Diego Casagrande (Band RS) e Rodrigo Constantino (Jovem Pan) como exemplos.

Artigo: Costa (2013) define artigo como sendo o espaço onde jornalistas e leitores, ou cidadãos, podem emitir suas ideias e opiniões, e esse espaço "*democratiza a opinião no jornalismo, possibilitando o seu acesso às lideranças emergentes na sociedade*" (MARQUES DE MELO, 2006, apud COSTA, 2013, p. 64). Letria e Goulão também afirmam que o artigo de opinião é um espaço apropriado para a "*troca de experiências, o debate de ideias e a própria formação política, técnica e cultural dos leitores*" (1986, p. 85).

Com isso, entendemos que o artigo é um espaço idiossincrático, de responsabilidade própria, em que aquele que escreve deve ter autonomia e conhecimento suficiente para obter êxito, impactando de forma positiva o público leitor, dentro do objetivo geral da contribuição em que se propõe a realizar.

Resenha: esta tem como objetivo orientar o leitor, ou espectador/consumidor, através de crítica a determinadas obras de teatro, cinema, literatura e outros produtos culturais. Marques de Melo (2006) define: *"A apreciação das obras de arte ou dos produtos culturais, com a finalidade de orientar a ação dos consumidores. Não tem a intenção de oferecer julgamento estético. Tem função eminentemente utilitária. Ao mesmo tempo em que sinaliza aos consumidores, dialoga com os produtores, oferecendo pistas para os autores, diretores, atores. Formato que abrange toda a mídia, da imprensa ao rádio e à televisão, expandindo-se também na internet".*

Luiz Amaral (1986) sustenta que a "*crítica desempenha um trabalho de divulgação cultural no sentido de que tenta orientar o leitor dentro do complexo mundo de peças, filmes e programas*". Segundo o autor, a ação proporciona aos interessados uma clareza de conteúdo, diante dos assuntos e temas abordados pelos produtos. (1986, p. 103).

Crônica: na crônica, os fatos podem ser ponto de partida. A partir deles, o autor "*dá vazão aos seus sentimentos e, com absoluta legitimidade, pode entrar no domínio da ficção, numa mistura do real com o imaginário*". Este é o gênero jornalístico mais próximo dos gêneros literários clássicos. Segundo os autores, as crônicas podem manifestar um estilo artístico, com "*criação estética, mas sempre fazendo referências à realidade*"; assim, geram identificação dos leitores com os jornais "*através do humor, da ironia, do elogio emocionado e de todas as formas de expressar os sentimentos*" (LETRIA; GOULÃO, 1986, p. 85 e 86).

Coluna: é um espaço destinado a alguém que escreve diariamente, semanalmente ou de forma periódica nos jornais e revistas. Geralmente, assinam de forma definitiva. Como exemplo desse subgênero do jornalismo, podemos usar os talentosos colunistas do Instituto Liberal. Coluna, portanto, é definida por Marques de Melo da seguinte forma: *"Mosaico estruturado por unidades curtíssimas de informação e de opinião, caracterizando-se pela agilidade e pela abrangência. Cumpre uma função que foi peculiar ao jornalismo impresso antes do rádio e da televisão: o furo. Tem como espaço privilegiado os bastidores da notícia, descobrindo fatos que estão por acontecer, pinçando opiniões que ainda não se expressaram ou exercendo um trabalho sutil de orientação da opinião pública. Aparentemente tem caráter informativo, mas na prática é uma seção que emite juízos de valor, com sutileza ou de modo ostensivo" (MARQUES DE MELO, 2006, apud COSTA, 2013, p. 65).*

Carta: sendo o espaço destinado aos leitores, a carta revela a opinião do leitor. Constitui o primeiro formato a possibilitar a expressão da audiência. Já, de acordo com Marques de Melo (2006), como "território democrático", a carta é um "*espaço facultado aos cidadãos para que expressem seus pontos de vista, suas reivindicações, sua emoção. Pretende romper a barreira que existe entre leitor e editor, produtor e consumidor*".

Caricatura: sobre caricatura, Marques de Melo (2006) traz a seguinte definição:

"Forma de ilustração que a imprensa absorve com sentido nitidamente opinativo. Sua origem semântica corresponde a ridicularizar, satirizar, criticar. Pode ser exercitada também sob a forma de texto humorístico. Os caricaturistas atuam como a consciência crítica da sociedade, revelando uma tendência nitidamente oposicionista. Predomina na imprensa, mas floresce também na televisão, expandindo-se na internet".

Todavia, a caricatura não é restrita às características físicas do personagem, pois está relacionada a aspectos referentes à personalidade e ao cotidiano de quem se pretende representar por meio dela. As caricaturas são baseadas em determinados personagens, geralmente públicos.

Jornalismo interpretativo

A função primordial do jornalismo interpretativo é avançar no desdobramento dos fatos de uma informação e interpretá-los. A interpretação é "tradicionalmente associada à reportagem". De acordo com Marques de Melo (2006ª), o gênero jornalismo interpretativo é apresentado nos formatos de dossiê, perfil, enquete e cronologia. No entanto, o estudo desse gênero e suas subdivisões é motivo de reflexões e discussões, como o dossiê, a enquete e a cronologia, carentes de uma melhor definição. A enquete, por exemplo, segundo Beltrão (1980), dá margem ao entendimento de se tratar de um subgênero da entrevista.

Feitas as observações, seguimos agora com a definição dos subgêneros que compõem o gênero interpretativo.

Dossiê: na definição de José Marques de Melo, o dossiê aparece em formato de "mosaico". Com intenção de proporcionar um melhor entender dos fatos e das notícias. De acordo com o autor, é uma "*condensação de dados sob a forma de boxes, ilustrados com gráficos, mapas ou tabelas. Trata-se de matéria destinada a complementar as narrativas principais de uma edição ou para celebrar efemérides*". Outros autores citam a análise no lugar do dossiê na classificação do gênero interpretativo, como Antônio López Hidalgo, que a define como "gênero legitimado", atuando de forma idiossincrática. A *Folha de São Paulo* menciona em seu manual o formato análise de notícia, situando-a num espaço entre a crônica, a crítica ou comentário e a notícia. De acordo com o manual, a análise deve ter seu objeto muito bem definido, reunindo dados seguros, com reflexos na vida pública e nos leitores. (MANUAL, 2001, p. 31)

Perfil: o formato deste gênero tem como principal aspecto o ato de narrar a vida das pessoas. Com isso, entendemos que a reportagem pode passar por um processo de humanização. (COSTA, 2013, pág. 66-67). O perfil é um dos subgêneros mais fáceis de ser identificado.

De acordo com a classificação de Marques de Melo, é definido como "relato biográfico sintético" que identifica os agentes noticiosos. "*Focaliza os protagonistas mais frequentes da cena jornalística, incluindo figuras que adquirem notoriedade ocasional*".

Enquete: a enquete pode ser entendida como uma ferramenta de captação de opinião pública ou de determinado segmento ou classe a que se tem interesse de consultar sobre algum assunto específico. Considerando a classificação de Marques de Melo, a enquete aparece como "*relato das narrativas ou ponto de vista de cidadãos aleatoriamente escolhidos – podendo ser definidos como 'cidadãos comuns'*".

Cronologia: a função desse subgênero é complementar e resgatar informações, mediante reconstituição de acontecimentos. Assim, serve como um facilitador de compreensão para os leitores, atuando de maneira ilustrativa, buscando fatos do tempo, de acordo com Marques de Melo (2013).

Jornalismo utilitário

Conforme Marques de Melo (2007), citado no artigo *Gênero Utilitário: Presença nos jornais Folha de S. Paulo e O Estado de S. Paulo*, da jornalista Tyciane Viana Vaz, o gênero utilitário inicia no final do século XX. Esse processo é de maior intensidade nas sociedades de consumo. Esse gênero jornalístico "*surge no limiar da sociedade da informação, cujo funcionamento repousa na tomada de decisões rápidas no mundo financeiro, projetando-se também na vida cotidiana*". Uma das principais características é a atualidade, porém sem novidades. (MARQUES DE MELO, 2007, apud VAZ, 2008, p. 5). O jornalismo utilitário aparece com a função de "serviço". Manuel Chaparro (1998) classifica esse gênero como "*roteiros, indicadores, agendamentos, previsão do tempo, cartas-consultas e orientações úteis*". Luiz Beltrão definiu os serviços do jornal como:

"(...) os que compreendem avisos diversos (plantão de farmácias, perdidos e achados, posta-restante, pauta de pagamentos, cotações de câmbio, convites para reuniões de entidades diversas; informações úteis, telefones de urgência, horário de transportes coletivos, conselhos de saúde, relações de endereços, etc); cartas do dia (programa das casas de espetáculos – cinemas, teatros e circo, rádio e telemissoras; exposições, conferências, congressos, comícios, festas e comemorações diversas)" (1969, p 139).

Assim, entendemos que esse gênero serve como utilidade aos leitores. Por isso, usamos Temer para afirmar que o jornalismo de serviço é "*aquele que vai além da simples divulgação da informação e se preocupa em mostrar/demonstrar fatos e ações que a curto, médio ou mesmo a longo prazo, vão contribuir para melhores condições de vida do receptor*".

Marques de Melo, por sua vez, divide o jornalismo utilitário em quatro tipos: 1) o indicador, que apresenta dados que ajudam os cidadãos no dia a dia; 2) a cotação, focada no mercado; 3) o roteiro, com dados referentes ao consumo de bens simbólicos, e 4) o serviço, com informações que visam a proteger os interesses dos usuários de serviços públicos, assim como dos consumidores em geral.

O Gênero Utilitário deve compor os jornais na atualidade. Este gênero tem conquistado espaço na mídia nas últimas décadas, dada sua importância para as pessoas. Um exemplo atual são as informações sobre a pandemia causada pelo Covid-19.

Jornalismo diversional

Se procurarmos no site www.portaldaeducação.com.br, temos a definição de jornalismo diversional ou literário como um estilo em que o texto jornalístico atua próximo da literatura. Desse modo, passa a produzir reportagens mais aprofundadas, com mais detalhes, amplificando-as, buscando a humanização e a ética. Com isso, não segue algumas regras do jornalismo "tradicional". Nesse sentido, de acordo com o site:

"Assim, pode-se afirmar que o Jornalismo Diversional é uma mistura de jornalismo, história e literatura, desenvolvido com responsabilidade e seguindo os princípios morais, podendo ser expresso através de diversas mídias, como programas de TV, artigos de periódicos, livros, internet, entre outros".

Já José Marques de Melo classifica o jornalismo diversional em dois formatos: 1) a história de interesse humano que, segundo ele, é uma narrativa que privilegia facetas particulares dos agentes noticiosos. Busca na literatura aspectos que geram a humanização. Mesmo que use ficção, os "relatos devem primar pela verossimilhança". 2) a história colorida constitui-se de relatos de natureza pictórica, com estilo "impressionista", e observa detalhes não "perceptíveis a olho nu".

*

Espero que este estudo possa de alguma forma contribuir para o receptor diferenciar os gêneros do jornalismo e, com isso, ter um norte para se posicionar frente à imensidão de conteúdos gerados nos dias atuais – processo que nos leva a um problema: a Disfunção Narcotizante, que como já diz em seu nome narcotiza a mente do receptor com o excesso de informação, de modo que ele se perde dentro do processo de comunicação e passa a perder potencial de distinção do certo e do errado. Aos jornalistas que não conhecem os gêneros – especialmente os autodidatas que não cursaram faculdade de jornalismo –, espero que o texto sirva como ferramenta de trabalho.

Por muitas décadas os marxistas, que se apropriaram da redações dos jornais no Brasil ao longo século XX, fizeram uso de muitas técnicas para impor sua influência narrativa aos receptores. Após a eclosão dos movimentos de rua de 2013 no Brasil, que surgiram paralelamente à difusão das redes sociais no país, esse domínio da esquerda sobre a mídia perdeu força. Hoje, haja vista o crescimento do movimento conservador no Brasil, vemos uma polarização na mídia, seja na tradicional ou na informal, como blogs, canais no Youtube, portais de notícias e outros.

3.

BREVE HISTÓRICO DO JORNALISMO BRASILEIRO E OS CONFLITOS ENTRE RECEPTOR E IMPRENSA

Poucas vezes se criticou tanto a imprensa tradicional como nos dias atuais. Encabeçam como alvos do público crítico alguns veículos, como *Folha de SP* e jornais da Rede Globo. O motivo: para bolsonaristas, o maior jornal impresso do país e os veículos da gigante empresa de comunicação brasileira – especialmente o Jornal Nacional – são esquerdistas. Querem, portanto, derrubar o governo. Já aqueles mais afeiçoados ao socialismo acusam os mesmos veículos de servirem à classe burguesa – leia-se: grandes empresas. Este estudo, porém, não objetiva tecer juízo sobre qualquer jornal ou jornalista. Ao que parece, essa briga quase diária de facão e foice (talvez com martelo junto) entre o presidente Jair Bolsonaro – chancelado por seus seguidores – e alguns veículos de imprensa e determinados jornalistas está longe de acabar.

Se, observando por um lado, deparamo-nos com o histórico da mídia brasileira tendendo ao esquerdismo (o que causa revolta nos bolsonaristas), vendo por outro ângulo, fica evidente que o presidente da República usa o fator "imprensa-socialista" como muleta – leia-se 'desculpa' – para justificar alguns de seus erros. Exemplo: ele indica um filho à embaixada. Naturalmente, a imprensa o critica. Sua resposta não difere da retórica tradicional: "*jornalistas me criticam porque perderam verba do governo e 'querem o PT de volta ao Planalto'*". Em alguns casos, sejamos justos, ele tem certa razão, especialmente se considerarmos o histórico recente do jornalismo brasileiro tendendo ao esquerdismo; mas nem tudo é ideologia. Há bom jornalismo sendo praticado.

Para entender um pouco sobre como a imprensa brasileira foi formada, vamos regredir no tempo

A imprensa se estabeleceu de forma tardia em território brasileiro, se esse processo for comparado ao seu surgimento e desenvolvimento histórico no mundo – considerando o período da invenção de Gutemberg (século XV), quando se multiplicaram as empresas de impressão. Isso sem contar que a imprensa tem seus primórdios ainda no século XIII, no Ocidente – na Itália e na Alemanha –, com o surgimento das primeiras "notícias", que circulavam em folhas manuscritas, contendo informações (TERROU, 1964).

Segundo Nilson Lage (1993), em Bremem circulou o primeiro periódico no mundo, em 1609, com outros se estabelecendo durante a década seguinte também na Alemanha. Ciro Marcondes Filho, por sua vez, em seu livro *Comunicação e Jornalismo: a Saga dos Cães Perdidos* (2000), divide cronologicamente a evolução da imprensa no mundo em cinco fases:

Pré-história do jornalismo: de 1631 a 1789. Caracterizada por uma economia elementar, produção artesanal e forma semelhante ao livro. Primeiro jornalismo: 1789 a 1830. Caracterizado pelo conteúdo literário e político, com texto crítico, economia deficitária e comandado por escritores, políticos e intelectuais. Segundo jornalismo: 1830 a 1900. Imprensa de massa, marca o início da profissionalização dos jornalistas, a criação de reportagens e manchetes, a utilização da publicidade e a consolidação da economia da empresa. Terceiro jornalismo: 1900 a 1960. Imprensa monopolista, marcada por grandes tiragens, influência das relações públicas, grandes rubricas políticas e fortes grupos editoriais que monopolizam o mercado. Quarto jornalismo: de 1960 em diante. Caracterizado pela informação eletrônica e informativa, com ampla utilização da tecnologia, mudança das funções do jornalista, muita velocidade na transmissão de informações, valorização do visual e crise da imprensa escrita (MARCONDES, 2000 apud PENA, 2005, p. 33).

Já o desenvolvimento da imprensa no Brasil avançou após a chegada da Corte de D. João VI, em 1808. Até então, a censura real controlava as publicações, que eram destinadas à reprodução de informações e documentos do governo. A imprensa passou por seu "melhor período de liberdade", até aquele momento, com o reinado de Pedro II (MELO, 2003, p. 21).

O primeiro jornal independente lançado no Brasil, de acordo com José Marques de Melo (2003), foi o *Correio Braziliense*, de Hipólito José da Costa, testificado por Lage: Costuma-se apontar como primeiro periódico brasileiro o Correio Brasiliense, que circulou em 1º de junho de 1808, editado na Inglaterra por Hipólito José da Costa. Três meses depois, foi lançada no Rio a Gazeta, órgão oficial do Governo, dirigido por Frei Tibúrcio José da Rocha e censurado pelo Conde de Linhares (LAGE, 2001, p. 42).

Na primeira fase da imprensa no Brasil, o panfletarismo teve predomínio, definido por Lage (2001) como "surpreendentemente virulento". Na segunda fase, surgiram o *Jornal do Comércio*, em 1827, a *Gazeta de Notícias*, em 1874, no Rio de Janeiro, *O Estado de São Paulo*, em 1875, e o *Jornal do Brasil*, fundado em 1891, já no início da República. No período de 1899 a 1920, da República Velha ao Estado Novo, a publicidade teve início nos jornais. (LAGE, 2001, p. 43).

Segundo Lage (2001), os jornalistas passaram a deixar de ser os literatos para constituir uma categoria própria: Alcindo Guanabara, Irineu Marinho, fundador do *O Globo*, e Gustavo de Lacerda, repórter que idealizou a Associação Brasileira de Imprensa, foram exemplos desse período. Leiamos o trecho de Nilson Lage:

"A polêmica marcou a vida de Monteiro Lobato, a perseguição sublinhou a grandeza de Graciliano Ramos, revisor de textos do Correio da Manhã, jornal que se ligaria ao nome de Edmundo Bitencourt, como o Diário de Notícias ao de Orlando Dantas e o conglomerado dos Diários Associados a Assis Chateubriand. Empresas da família: Os Mesquitas, que perderam durante cinco anos, no Estado Novo, o comando do Estadão (O Estado de São Paulo) e o receberam de volta; os Pessoa de Queirós no Norte, Caldas Júnior no Sul. Repórteres jovens, como Samuel

Wainer, David Nasser, Joel Silveira, Rubem Braga e Carlos Lacerda. Sedes próprias monumentais no centro: no Rio de Janeiro, o Jornal do Brasil, na Avenida Rio Branco, fez seguidores – O Diário de Notícias, na Rua Riachuelo; O Globo, perto da Rua de Santana; O Cruzeiro, na Rua do Livramento" (LAGE, 2001, pág. 44).

Durante os oito anos da ditadura de Vargas, o jornalismo político teve seu processo interrompido. Esse período foi marcado pela chegada da corrupção aos jornais e jornalistas, com a imprensa sendo controlada pelo DIP – Departamento da Imprensa e Propaganda. (LAGE, 2001, p. 44). Apesar disso, somente a censura imposta durante os governos do período militar (1964 a 1985) consta no léxico da esquerda brasileira, que dominava as redações pelo país.

Nilson Lage descreve que, "*após 1945, iniciou-se uma transformação marcada pela crescente influência norte-americana sobre a sociedade em geral e a imprensa em particular. Com maior ou menor disfarce, capitais do exterior passaram a influir na vida dos jornais*". Nesse período, o jornalismo brasileiro passou a implementar o *lead* (lide). (LAGE, 2001, p. 44). Sobre isso:

A técnica estreou em 1861 no jornal The New York Times como forma de dar objetividade ao relato de um acontecimento. Consiste em pôr as informações mais importantes no primeiro parágrafo, respondendo "O quê? Quem? Quando? Onde? Como? E Por quê?" (SALVADOR; SQUARISI, 2005, p. 16).

O *lead* jornalístico tem formato de pirâmide invertida e consta no primeiro parágrafo da notícia no jornal impresso e digital, embora possa haver outros *leads* no corpo da notícia. Assim, define-se a técnica como o relato do aspecto mais importante de um acontecimento. (LAGE, 1993, p.26).

Em meio a isso, voltando à cronologia, surge a televisão brasileira, com Assis Chateaubriand sendo protagonista. Logo surgem os telejornais – tendo como pioneiro o *Imagens do Dia.* O rádio, que passava por seu momento "de ouro" com o Repórter Esso, viu-se ameaçado pela televisão. Apesar disso, o rádio segue até hoje como um dos principais meios de comunicação. O tempo deu prova, portanto, de que a televisão veio para concorrer, não para terminar com o rádio.

Outra mudança no período ocorreu com a reforma do *Jornal do Brasil*, importante no processo de modernização do segmento no país. O periódico *"(...) adotou e aperfeiçoou o processo de produção de notícias; somou a ele apresentação gráfica de extrema padronização, segundo o design do escultor construtivista Amílcar de Castro"* (LAGE, 2001, p. 45). Tecnicamente, esse fenômeno pode ser melhor entendido com Bahia (1990), que define o jornal moderno como *"parte da cultura de massa, resultado de grandes transformações na imprensa, na sociedade e na história"*. Independente do formato ou plataforma utilizada (atualmente), seu objetivo é proporcionar informações e notícias de forma periódica às comunidades (BAHIA, 1990, p. 19).

Por todo o país as inovações foram sendo imitadas, como signo do desejável, do hegemônico; longe de serem postas de lado, as reformas gráficas e editoriais se amiudaram a partir de 1964, quando a repressão do conteúdo estimulou a busca de apresentação atraente, moderna; e o 'regime autoritário' ergueu a bandeira da eficiência, da tecnocracia, do cosmopolitismo (LAGE, 2001, p. 45).

A partir dos anos 1970, os telejornais ganham destaque, com o Jornal Nacional, que nasce em 1969 e se consolida como o mais importante telejornal brasileiro, especialmente pelo grande número de emissoras afiliadas da Rede Globo. Enquanto isso, o jornal impresso segue firme; o rádio, também.

Entre o final da década de 1990 e o início dos anos 2000, o jornalismo inicia uma nova era, impactado pela "revolução tecnológica", de acordo com Caldas. O autor já afirmava que o futuro do jornalismo, principalmente os jornais, seria ainda mais impactado pela internet. Em 2002, o autor apontava o possível caminho dos jornais:

Leitores de jornal e usuários da internet têm interesses e curiosidades diferentes. Para assegurar seu espaço, caberá ao jornal do presente investir naquilo que o leitor espera encontrar nele: originalidade, texto interpretativo e analítico, com suas implicações e possíveis repercussões na vida de cada um. O fato situado dentro de um contexto mais amplo, ao lado de pesquisa e opinião. Já na internet o que se busca são informações rápidas e específicas, em poucas linhas (CALDAS, 2002, p. 17)

Segundo o artigo *Jornalismo e mídias móveis no contexto da convergência: Sociedade: máquinas e indivíduos*, dos pesquisadores Graziela Bianchi e Diocsianne Moura (2012), o desenvolvimento tecnológico está crescendo cada vez de forma mais acelerada, ao longo do percurso da comunicação e sua história. Nesse sentido, pode-se afirmar que: *"(...) se coloca como vital revisitar conceitos e refletir sobre o papel do indivíduo na sociedade a partir da introdução das tecnologias móveis. A maneira como os usos de tais tecnologias participam nas relações com os outros, consigo, com as máquinas e também entre elas, não tomando-as simplesmente como mais um recurso disponível para a execução de tarefas do cotidiano"* (PELLANTA; BARBOSA, 2014, p. 12).

Com a propagação da internet e suas facilidades móveis cada vez mais difundidas no dia a dia das comunidades, os veículos de comunicação passam a atuar multiplataforma. Nesse processo, as redes sociais desempenham um papel importante para a divulgação e a propagação dos conteúdos. Por esse motivo, jornais atuam nessas diferentes frentes, com publicações em seus sites e até mesmo de forma direta nas redes sociais. O fenômeno da internet também possibilita um avanço: o receptor deixa de ser passivo no processo da comunicação – e é aqui que se estabelece a batalha entre o receptor e a imprensa.

Dentro desse processo, os jornais impressos perdem fôlego: ao oferecer notícias do dia anterior e ainda com custo financeiro para o leitor, num momento em que a internet fornece muito conteúdo de graça e interatividade instantânea, assim como o rádio, tem-se um desafio imposto ao impresso, que, parece-me, míngua ano a ano. Entretanto, o jornalista não deve se preocupar com isso, pois ele vende conteúdo, não a plataforma, e independente da plataforma. A preocupação, de fato, fica com o fornecedor de papel e tinta para as rotativas dos parques gráficos, que perdem força a cada dia.

O bom jornalista, no entanto, se adapta a qualquer plataforma, seja impresso, rádio, televisão ou internet.

O fim do conflito receptor versus imprensa

É impossível apontar um caminho para o fim desse conflito, mas é possível tirar conclusões. Senão vejamos: 1) o jornalismo não pode mais dar espaço à militância de esquerda nas redações – e negar que 85% dos jornalistas são de esquerda fica ainda mais feio e agrava o problema; 2) o comportamento de uma bolha de receptores fanáticos escancara que ainda somos terceiro-mundistas em termos de relações humanas; 3) há pessoas inteligentes e aptas para separar o joio do trigo e fazer distinção entre bom jornalismo e panfletagem ideológica e mídia vendida a interesses. Em suma, receptor e imprensa precisam evoluir.

Imprensa e interesses

Faça um teste e observe se os veículos de comunicação que você acompanha publicam críticas a determinados políticos. Se não houver críticas, ou o político é bom o suficiente ou, certamente, o veículo está com medo de perder anúncios de campanhas e afins. Nesse ponto, estabelece-se outro problema: o interesse financeiro dos veículos. Jornais precisam sobreviver como qualquer outra empresa com CNPJ, portanto é natural buscar saúde financeira e crescimento. Contudo, estabelece-se o erro ao atenuar críticas àquele que envia verba. Aliando-se isso a preferências ideológicas de algumas redações, gera-se um ciclo intermitente de interesses que estão longe do que se aprende em ética jornalística nas universidades. Por conseguinte, na guerra entre receptor e imprensa há uma nebulosidade que impossibilita ter clareza para definir quem é o mocinho e quem é o bandido.

4.

O FAZER JORNALÍSTICO, A MILITÂNCIA E A MORDAÇA

Teoricamente, o jornalismo constitui-se pela simplificação dos fatos e das opiniões, tornando-os acessíveis à compreensão da sociedade. O significado de jornalismo também pode ser bem compreendido com o professor Juarez Bahia (1990), que define o fazer jornalístico como "*apurar, reunir, selecionar e difundir notícias, ideias, acontecimentos e informações gerais com veracidade, exatidão, clareza, rapidez, de modo a conjugar o pensamento em ação*", como já lemos.

O jornalista, portanto, detecta o fato, reúne informações, as avalia e transforma-os em notícias, reportagens ou outros gêneros do jornalismo. Como fonte propulsora de informação, o jornalismo possibilita a participação das pessoas na sociedade e nas comunidades, conforme Juarez Bahia (1990). Segundo o autor, a missão do jornalismo se confunde com a natureza da informação e, além de sua prioridade básica que é a difusão de notícias, existem outras: "*Fora da função primordial, (o jornalismo) absorve muitas outras, como, por exemplo, a de promover o bem comum e a de estimular a mais ampla e livre troca de ideias entre as pessoas, quaisquer que sejam suas convicções*".

Nesse sentido, Luiz Beltrão (1969), que como sabemos é um dos grandes precursores dos estudos dos gêneros jornalísticos no Brasil, afirma que "*a primeira das funções sociais experimentadas pelo jornal moderno é a informação, ou seja, o relato puro do que ocorre de significativo em todos os domínios do pensamento e da atividade humana*". Beltrão define que a informação, em formato de relato puro e simples dos fatos, ideias e situações do presente imediato, do passado ou de algo provável que ocorra no futuro, objetivando o interesse de todos, é um pilar fundamental para definir as funções da atividade jornalística. Ou seja, "*a difusão de informação, de dados, elementos, aspectos e sequência objetiva da ocorrência*" (BELTRÃO, 1980, p. 14).

Já entendemos, na essência, o que são o jornalismo e suas funções. Agora, veremos o que é ser jornalista. De acordo com Luiz Amaral (1986), o termo "jornalista" diz respeito a todo aquele que trabalha nas "*redações dos jornais, revistas, departamentos de radiojornalismo e telejornalismo, nos serviços de comunicação social de empresas particulares e organismos 'estatais'*". Segundo o autor, o público define como jornalista o repórter e o redator, principalmente o primeiro, pois é aquele que busca e produz a notícia (AMARAL, 1986, p. 29). Ao falar sobre o jornalista, Luiz Amaral acrescenta:

"*Seu trabalho consiste em formar, informar, reformar, ensinar, divertir. Tudo depende das circunstâncias e do sistema onde se desenvolvem suas atividades. Mas, seja qual for o veículo para o qual trabalhe, as qualidades profundas que se lhe exigem são as mesmas*" (AMARAL, 1986, p. 29).

Se a principal função do jornalista é informar, usamos novamente Luiz Beltrão (1969) para definir, no sentido humano, que "*a informação é o ato de levar um fato ao conhecimento de outrem*", sendo algo comum do comportamento das pessoas, pois os indivíduos trocam informações a todo o tempo, seja em casa quando "consultam o relógio" ou nas atividades do dia a dia, com a natural troca de informações de interesse particular. Assim, o jornalista é tanto aquele que informa como o que é informado. E qual tipo de informação tem perfil jornalístico? De acordo com Beltrão (1969), as informações que não dizem respeito apenas ao particular ou individual, mas que são de interesse público, coletivo e/ou da humanidade, são credenciadas como de interesse e do dever jornalístico. O autor define que "*as informações públicas são as de que se ocupa o jornalismo e, quando se referem a situações atuais e são divulgadas pelos veículos de comunicação coletiva, denominam-se notícias*". Sendo assim, seguimos a definição: "*Notícia é a narração dos últimos fatos ocorridos ou com possibilidade de ocorrer, em qualquer campo de atividade e que, no julgamento do jornalista, interessam ou têm importância para o público a que se dirigem. Os seus atributos são, pois: imediatismo, veracidade, universalidade e interesse e importância*" (BELTRÃO, 1969, p. 82).

Juarez Bahia (1990) também afirma que o jornalismo tem cada vez mais uma "linguagem coletiva". Assim, as comunidades têm reflexo dos jornais e, "dentro da engrenagem" das relações, os veículos são caminhos para a compreensão, a prosperidade nacional, os anseios humanos e as conquistas sociais (BAHIA, 1990, p. 20).

O mesmo Juarez Bahia afirma que um dos principais pilares para o êxito da função jornalística é a liberdade de informação e opinião, indispensável para o bom jornalismo. No entanto, não posso deixar de dizer: uma imprensa tendendo somente a um lado, via de regra à esquerda, combina com qualquer coisa, menos com liberdade.

Se, de um lado, o jornalismo tem sua histórica e inegável importância na construção social, de outro, o mau jornalismo está presente em muitas redações. Não raro, a imprensa brasileira recebe críticas, devido a seu perfil ideológico pendido à esquerda, como menciono acima. Contudo, também não posso deixar de dizer, há muitos veículos e muitos jornalistas fazendo ótimo jornalismo no país, especialmente aqueles voltados ao hiperlocalismo.

Para findar: muitos que sempre bateram de forma generalizada na imprensa por sua postura ideológica, hoje dão péssimo exemplo em seus blogs, canais e páginas nas redes sociais produzindo conteúdos ruins e tendenciosos – que em nada agregam à sociedade. O STF, por sua vez – seguidamente! –, flerta com a censura ao seguir uma linha que sabemos ser tênue entre a justiça e a mordaça; mas, minha impressão, tende mais para a segunda.

5.

ALGUMAS FALÁCIAS SOBRE O JORNALISMO

1) "*O jornalista precisa ser imparcial*": esta ideia é muito difundida na sociedade. Porém, o jornalista pode sim ter opinião. O gênero opinativo faz parte da escola jornalística, como já lemos. O que não se deve fazer, repito, é confundir gêneros, especialmente introduzir opinião na notícia, tornando-a tendenciosa.
2) "*A mídia brasileira é toda de esquerda*": não é bem assim. É evidente que as redações estão lotadas de jornalistas identificados com o marxismo. No entanto, há excelentes jornalistas, sejam repórteres, editores, produtores, âncoras e apresentadores fazendo ótimo jornalismo. Muitos deles não são marxistas, pois resistiram à doutrinação da maioria das universidades.
3) "*Os blogueiros e os youtubers dizem o que a grande mídia não diz*": há muita gente produzindo bons conteúdos na internet, mas, infelizmente, a maioria mostra-se despreparada e, quando não, tendenciosa. São como papagaios de internet, muitos militando no esquerdismo. Mas também vemos militância de direita tendenciosa e despreparada.
4) "*O jornalismo vai acabar*": mentira. Ao longo dos séculos, o jornalismo passou por transformações paralelas às mudanças sociais e à evolução tecnológica. Vimos isso na segunda parte desta série, com a chegada da televisão em 1950 no período

da "Era de Ouro" do rádio ameaçando-o. Contudo, ele segue firme até hoje. É claro: para aquele jornalista que passava o dia na redação fumando, tomando café e escrevendo na máquina, não existe mais espaço. Novos tempos... O certo é que o jornalismo foi, é e sempre será um pilar das democracias modernas – mesmo considerando os péssimos exemplos demonstrados ao longo da história. Observem como são Cuba, Venezuela e Coreia do Norte, com a comunicação estatizada. Pois é... ruim com o jornalismo; pior sem ele!

5) *"A Globo vai quebrar sem verba do Governo"*: não é bem assim. O que vai acontecer – e está ocorrendo – é uma readequação à nova realidade financeira, assim como em qualquer empresa. Em horários nobres, há fila de espera para anunciantes. Se quebrar, creio, não será por corte de campanhas do Governo Federal.
6) *"Acabar com o jornalismo fará bem ao país"*: Fidel, Maduro e Kim Jong-un sempre gostaram desse tipo de ideias.
7) *"Jornalistas se formam para mudar o mundo (visão utópica)"*: mentira. Jornalistas, via de regra, pensam em fazer nome e alavancar suas carreiras, apesar do momento atual não ser propício para sonhar tanto. Jornalistas gostam de afagos, de elogios e de *likes*. Se for possível ter tudo isso e poder ajudar o mundo, melhor ainda, mas na escala de prioridades cada jornalista pensa em si mesmo – e isso não é uma crítica, mas sim uma observação.
8) *"Emissora tal é comunista"*: bobagem. Via de regra, redações tendem ao esquerdismo. As empresas – leia-se os donos e sócios –, por sua vez, pensam em manter-se de pé, não em ideologia. Assim, podem-se ter interesses distintos dentro do veículo de comunicação. Observação: isso não vale para veículos com identidade ideológica revelada.

6.

ENTREVISTA COM O VENCEDOR DO PULITZER 1991 E PROFESSOR EM HARVARD GREG MARINOVICH

Em meu livro A Filosofia do Fracasso: Ensaios Antirrevolucionários (2020), há um capítulo em que conto de forma breve a história do fotojornalista Kevin Carter, que suicidou-se no Sudão do Sul. No ensejo de complementar os fatos, busquei esta entrevista com Greg Marinovich, ex-colega de Kevin nos conflitos do Aparthaid e hoje professor em Harvard.

A era da revolução digital, que surgiu graças ao capitalismo de modelo ianque explorador, nos proporcionou ferramentas de alta tecnologia. Entre elas estão os *smartphones* dotados de suas supercâmeras. A partir disso, qualquer indivíduo que tenha um bom aparelho em mãos pode produzir boas fotos, ainda mais com os aplicativos de edição de imagem disponíveis.

Contudo, apesar de tanta tecnologia disponível, quem nunca enfrentou dificuldades em captar 'aquela *selfie*', enquadrar uma fotografia contra a luz – ou na ausência dela?

Se, com toda a tecnologia atual disponível, às vezes não é fácil registrar uma boa imagem, imaginemos, pois, como devia ser fotografar no início dos anos 1990, especialmente estando sob risco iminente de morte numa zona de guerra civil como a África do Sul, com violência extrema e barbárie estabelecidas...

Nesse caso, além da preocupação com a qualidade da imagem – e com a preservação da própria vida –, aliam-se esses dois fatores à relevância jornalística da imagem. O fotojornalista – via de regra – precisa ter o feeling para mostrar com uma imagem o que, algumas vezes, palavras não podem explicar. Ele precisa discernir a noticiabilidade da cena e registrar com sua câmera. Tarefa dura.

O objeto de estudo desta série é o jornalismo brasileiro. No entanto, vamos dar espaço a um dos maiores fotojornalistas de guerra em todos os tempos, Greg Marinovich, vencedor do Prêmio Pulitzer, em 1991, pela fotografia tirada em um conflito na África do Sul, durante o fim do Apartheid.

Como lemos no segundo artigo da série, o jornalismo brasileiro teve forte influência dos Estados Unidos. Apesar de ter nascido na África do Sul, Greg está há duas décadas em solo americano e atualmente é professor em Harvard. Em determinado momento da entrevista, o fotojornalista cita o Brasil, como vamos ver mais à frente, num caso curioso.

Você já assistiu ao filme Repórteres de Guerra (2010)? Seu título original é "*The Bang Bang Club*". A película é baseada no livro de Greg e em parte da sua vida. Junto de um grupo de jovens repórteres, o fotojornalista teve coragem para cobrir as primeiras eleições na África do Sul após o Apartheid, com uma série de conflitos estabelecida.

Não obstante, o grupo ficou conhecido após o suicídio de um de seus integrantes, Kevin Carter, que também venceu o Prêmio Pulitzer, mas em 1994, com a polêmica fotografia tirada de um menino em uma zona de conflito no Sudão do Sul. O caso é discutido academicamente até hoje em aulas de ética jornalística,

Que esta entrevista, apesar de breve, seja inspiradora aos futuros fotojornalistas, em especial àqueles que pretendem trabalhar em zonas de conflito.

Leia, agora, na íntegra, a entrevista de Greg Marinovich concedida a este jornalista, que também fez a tradução:

IZ – Qual seu local de nascimento, idade atual?

GM – Nasci em Springs, província de Transvaal (agora Gauteng), na África do Sul, em 8 de dezembro de 1962.

IZ – Como sua família lida ou reage em relação à sua profissão?

GM – Casei-me com Leonie em dezembro de 2000 e tenho dois filhos – Luc e Madeline. Parei de cobrir guerra e conflitos meses antes de conhecer Leonie. Quaisquer outros motivos foram coincidências ou questões civis que ficaram fora de controle e impossíveis de evitar – como Marikana. As crianças estão meio interessadas, é legal demais mostrar a elas meu trabalho.

IZ – Em qual projeto trabalha atualmente?

GM – Varrendo o arquivo... hehe. O primeiro trabalho será um livro (com Leonie) sobre The Conquered Land – Lesotho e as áreas adjacentes de fala do Sotho (grupo linguístico e cultural dos povos Bantu) na África do Sul.

IZ – Como foi presenciar a violência na África do Sul durante seu trabalho no fim do Apartheid?

GM – Foi muito emocionante, traumatizante e empolgante estar na linha de frente da história, juntamente com a sensação de que a mudança estava finalmente chegando.

IZ – Quantos anos você tinha quando começou a trabalhar nos conflitos?

GM – Dos 28 anos em diante.

IZ – Como era sua relação profissional com os jornais locais?

GM – Tive amigos no *The Star* (incluindo Robin Comley, João Silva eKen Oosterbroek) e *Mail & Guardian* (Kevin Carter), entre outros. Pude usar a máquina de processamento de slides em cores da *Star*, o que era conveniente.

IZ – O filme Repórteres de Guerra (do *Bang-Bang Club*) retrata fielmente o ambiente que vocês presenciaram durante os conflitos?

GM – Não. Existem elementos da verdade misturados com coisas completamente inventadas, sem que o público saiba a diferença. Além disso, seu tom estava muito diferente.

IZ – Como você se sentiu ao registrar a fotografia que lhe rendeu o Prêmio Pulitzer em 1991? Correu algum risco de vida?

GM – Eu não tinha ideia de como isso iria acontecer depois disso – fiquei apenas em choque porque era muito íntimo, traumático e violento e todos os meus esforços para impedir que o homem (Lindsaye Tshabalala) fosse morto foram em vão.

IZ – Qual foi a sensação de vencer o Pulitzer? O prêmio lhe abriu portas profissionais no fotojornalismo?

GM – Foi bom e um grande impulso para a minha autoestima, mas também me senti culpado por causa do assunto. Sim, sim. Eu também poderia ter feito melhor uso (da visibilidade), mas era ingênuo e muito novo no negócio.

IZ – Você sofreu com a morte de seu amigo Kevin Carter?

GM – Claro, mas eu também estava bravo com ele pelo suicídio e pelo vício em drogas, o que não é uma resposta justa, mas é a verdade.

IZ – Sobre a impactante fotografia do garoto do Sudão do Sul que rendeu a Kevin o Pulitzer 1994, qual sua opinião? O que pode ser dito sobre isso? Kevin se envolvia emocionante ao se deparar com tanto sofrimento e miséria? Foi isso que o levou à morte ou as críticas pela fotografia?

GM – O suicídio de Kevin foi 70% devido à sua luta com drogas e com sua vida. O Pulitzer e as críticas vieram em um momento em que ele estava mal; então, em vez de ajudá-lo, isso o atrapalhou ainda mais. A imagem e sua repercussão o perturbaram, mas principalmente pelo que ele não fez – pois não tentou encontrar ajuda para as crianças após tirar fotos, o que levaria apenas alguns minutos. Por uma questão de interesse, o menino (Kong Nyong) sobreviveu até os 21 anos, mais tarde descobrimos quando Alberto Blanco foi para lá em 2010.

IZ – Quais conselhos você dá a fotojornalistas de zonas de guerra?

GM – Tenha cuidado, seja inteligente, seja humanista e mantenha a ética. Ou volte para casa!

IZ – Após quase 30 anos, como você vê a política e a sociedade da África do Sul? Qual a importância do *Bang-Bang Club* no estabelecimento da paz naquele país? As fotografias ajudaram fazendo o mundo olhar para lá?

GM – Acho que o *Bang Bang Club* não ajudou em nada (foi publicado em 2000). Ele ajudou a explicar às pessoas como foi esse período, claro. Eu acho que ajuda dessa maneira e como um documento histórico. A África do Sul agora está um lugar difícil, tivemos um líder terrivelmente corrupto e venal em Jacob Zuma. Saquearam o país com seus amigos. Essa foi uma traição às pessoas que apoiaram o ANC durante todos esses 100 anos. Talvez o novo presidente Ramaphosa possa ajudar a nos levar de volta a ser lugar melhor, mas muitos danos foram causados.

IZ – Você faria tudo de novo?

GM – Humm... sim e não!

IZ – Como você vê o fotojornalismo atual sendo realizado em países em conflito, como na Síria, por exemplo?

GM – Nos últimos anos são muito poucos trabalhos de destaque em fotojornalismo, devido ao perigo; mas algumas coisas muito interessantes estão acontecendo, como Laurent Van der Stockt, e muitos fotojornalistas do Oriente Médio, como Ali Arkady, no Iraque, etc. Parece, porém, que estamos no fim da era do "grande repórter" ocidental – que tem aspectos positivos e negativos.

IZ – Como você observa a América do Sul, especialmente a Venezuela, onde não há liberdade de imprensa, há fome e escassez de alimento?

GM – Uma bagunça! Mas nunca foi tão difícil de dizer: eu acho que estamos em uma fase mundial de pobres se levantando contra os 1% cada vez mais poderosos e seus facilitadores políticos/militares.

IZ – O fotojornalista de guerra deve ou não se envolver emocionalmente com os personagens que sofrem nos conflitos?

GM – Claro, por que não?

IZ – Como se preparar emocionalmente para trabalhar em zonas com violência? Como você lida com isso? Teve algum trauma? (Pergunto isso devido ao problema de Kevin Carter).

GM – As drogas são ruins, ponto final. Em relação à guerra, tenha pessoas com quem conversar, consulte um conselheiro caso se encontre em situações difíceis; mantenha-se saudável.

IZ – Você conhece algum fotojornalista brasileiro que mereça destaque?

GM – Eduardo Martins([1]) é incrível. OK, isso é uma piada sobre o falso (risos). Conheço alguns jovens no Rio de Janeiro que fazem um excelente trabalho. (Evandro) Teixeira, etc.

IZ – Greg, você já esteve no Brasil?

GM – Não. Mas adoraria.

IZ – Qual a importância da liberdade de imprensa?

GM – Muito, muito importante! Por mais que haja jornalistas ruins que mentem e fazem besteira, a maioria são seres humanos decentes tentando contar as histórias daqueles que não têm acesso ao poder, para dar voz aos não ouvidos.

IZ – Tem formação acadêmica como jornalista ou fotógrafo ou é autodidata?

GM – Ianker, sou autodidata. Muito filme desperdiçado!

Nota do entrevistador: Greg está dizendo que aprendeu com muita prática.

IZ – Sobre o livro *Bang Bang Club*... como surgiu a ideia de publicar? Qual sua importância?

GM – A interminável deturpação de Kevin, bem como a inadequação de nossas fotos para contar a história completa. A violência, especialmente no Sul Global, é frequentemente deturpada e usada como uma maneira de ilustrar a mentalidade colonial do Ocidente//Norte.

IZ – Qual sua relação atual com João Silva?

GM – Excelente. Vivemos longe um do outro, mas ainda muito perto.

IZ – Quais seus próximos projetos? Pensa em viajar para zonas de guerra?

([1]) Nota do entrevistador: Eduardo Martins foi o pseudônimo de um fake brasileiro que afirmou atuar em zonas de conflito representando a ONU. Enganou, segundo a BBC, jornalistas, mulheres e 120 mil seguidores no Instagram. Confira a matéria da BBC Brasil esclarecendo o caso: https://www.google.com/amp/s/www.bbc.com/portuguese/amp/salasocial-41131215

GM – Não, não é justo com a família. E sinto que já fiz o suficiente. Eu tiro coisas locais de interesse para mim – não jornalísticas, mas fotográficas. Também trabalhando em material antigo que, espero, resulte numa série de livros de fotos.

IZ – Cite cinco dicas àqueles que querem ser fotojornalistas de guerra.

GM – Aprenda seu ofício antes de ir; seja muito bem informado; seja ético e honesto sempre; não finja não ter uma opinião ou um ponto de vista – apenas seja honesto e aberto; beba com moderação!

IZ – Qual a importância do fotojornalismo de guerra para a humanidade?

GM – Ser testemunha de uma maneira que ultrapassa a linguagem.

IZ – Qual a importância da ética para o fotojornalismo de guerra? Na sua opinião, Kevin foi injustiçado pelas críticas?

GM – Kevin foi ético no Sudão. Essa não era a preocupação. Algumas pessoas questionaram sua humanidade, o que não estava correto... mas eu entendo o porquê. Ética e honestidade são tudo – se você não tem credibilidade, seu trabalho não tem valor.

IZ – Quando você deixou a África do Sul, foi para outra zona de conflito?

GM – Não, eu vim para a Universidade de Harvard em Cambridge, Massachusetts, (EUA) em uma bolsa Nieman. E depois continuei ensinando em período integral na Universidade de Boston e em período parcial em Harvard.

IZ – Quais zonas de conflito hoje mais te preocupam?

GM – Cristo... tantas!

IZ – O mundo viu regimes totalitários que massacram seus povos. Tanto o nazismo como os regimes comunistas da URSS e China causaram genocídio, dor e repressão à liberdade. Qual a importância da liberdade do indivíduo para a saúde de uma democracia?

GM – Eu acho que isso é óbvio!

IZ – Como você se mantém informado hoje?

GM – Jornais na Internet, rádio, podcast, twitter... e conversando com pessoas normais!

IZ – Qual é a sua expectativa sobre o jornal impresso, você acredita que ele permanecerá?

GM – Talvez.... Não tenho certeza.

IZ – Greg, como está seu novo livro? Para qual público você escreveu?

GM – O novo livro é uma coleção de pequenas histórias de não ficção sobre minhas experiências ou as experiências de outras pessoas, como eu as testemunhei durante guerras e conflitos. O público-alvo é amplo. O livro pode ser uma fonte de fundo da lógica de certos conflitos, bem como uma maneira de entender a resposta humana para isso.

PARTE II

O ESTADO BUROCRÁTICO E CONTROLADOR E A LIBERDADE DE PENSAMENTO

"O verdadeiro valor das coisas é
o esforço e o problema de as adquirir."

Adam Smith

1.

ADAM SMITH, O CASACO DE LÃ E A BUROCRACIA NO BRASIL

Se você tem o mínimo interesse por economia ou pelos embates capitalismo versus socialismo, certamente já leu ou ouviu falar de Adam Smith. O filósofo e economista britânico nasceu em 1723, na Escócia, e, com justiça, é considerado o pai da economia moderna, assim como suas ideias serviram como arcabouço para a formação do liberalismo econômico.

Smith também desempenhou um póstumo papel importante no século seguinte: foi protagonista de pesadelos ao prussiano Karl Marx, que viveu à sua sombra tentando refutá-lo. Sendo sustentado por Friedrich Engels, Marx dedicou-se a escrever seu revolucionário livreto intitulado *O Manifesto do Partido Comunista* e os volumes da obra *O Capital,* que inspiraram Lênin, Trotski e Stalin a implantar o comunismo na Rússia, chegando à eclosão da Revolução dos Bolcheviques em 1917.

Apesar da vitória dos bolcheviques, do lado socialista foram as ideias mencheviques – assim como as da Sociedade Fabiana (1884) – que passaram a influenciar economistas de esquerda, como John Keynes (1883 – 1946), defensor de forte intervenção do Estado como regulador da máquina econômica. A escola keynesiana intervencionista se propagou pelo mundo – e o Brasil não ficou de fora.

Feitos os parênteses, voltemos a Adam Smith. Em sua obra *A Riqueza das Nações*, o britânico expressou uma parte de sua genialidade. Deparamo-nos logo nas primeiras páginas com um mapeamento que Smith elabora sobre a cadeia de produção de um simples casaco de lã de um trabalhador. Vejamos:

"Observe-se a moradia do artesão ou diarista mais comum em um país civilizado e florescente, e se notará que é impossível calcular o número de pessoas que contribui com uma parcela, ainda que reduzida de seu trabalho, para suprir as necessidades deste operário. O casaco de lã, por exemplo, que o trabalhador usa para agasalhar-se, por mais rude que seja, é o produto do trabalho conjugado de uma grande multidão de trabalhadores. O pastor, o selecionador de lã, o cardador, o tintureiro, o fiandeiro, o tecelão, o pisoeiro, o confeccionador de roupas, além de muitos outros, todos eles precisam contribuir com suas profissões específicas para fabricar esse produto tão comum de uso diário. Calcule-se agora quantos comerciantes e carregadores, além dos trabalhadores já citados, devem ter contribuído para transportar essa matéria-prima do local onde trabalham alguns para os locais onde trabalham outros, quando muitas vezes as distâncias entre uns e outros são tão grandes! Calcule-se quanto comércio e quanta navegação – incluindo aí os construtores de navios, os marinheiros, produtores de velas e de cordas – devem ter sido necessários para juntar os diferentes tipos de drogas ou produtos utilizados para tingir o tecido, drogas essas que frequentemente provêm dos recantos mais longínquos da terra!

Quão grande é também a variedade de trabalho necessária para produzir as ferramentas do menos categorizado desses operários! Sem fazer menção de máquinas tão complexas como o navio ou barco do marujo, o moinho do pisoeiro, ou o próprio tear do tecelão, consideremos apenas que variedades de trabalho são necessárias para fabricar esse dispositivo tão simples que é a tesoura, com a qual o pastor tosa a lã das ovelhas. O mineiro, o construtor do forno destinado a fundir o minério, o cortador de madeira, o queimador do carvão a ser utilizado na câmara de fusão, o oleiro que fabrica tijolos, o pedreiro, os operários que operam o forno, o encarregado da manutenção das máquinas, o forjador, o ferreiro – todos precisam associar suas habilidades profissionais para poder produzir uma tesoura.

Se fizéssemos o mesmo exame das diferentes peças de roupa e de mobília usadas pelo operário, da tosca camisa de linho que lhe cobre a pele, dos sapatos que lhe protegem os pés, da cama em que se deita e de todas as diversas peças que compõem a sua mobília e seus pertences, do fogão em que prepara os alimentos, do carvão de que se utiliza para isso, escavado das entranhas da terra e trazido até ele talvez através de um longo percurso marítimo e terrestre, de todos os outros utensílios de sua cozinha, de todos os pertences da sua mesa – faca e garfos, travessas de barro ou de peltre em que serve as comidas –, das diferentes mãos que colaboraram no preparo de seu pão e sua cerveja, da vidraça que deixa entrar o calor e a luz e afasta o vento e a chuva – com todo o conhecimento e arte exigidos para chegar a essa bela e feliz invenção, sem a qual as nossas regiões do norte dificilmente teriam podido criar moradias tão confortáveis – juntamente com as ferramentas de todos os diversos operários empregados na produção dessas diferentes utilidades.

Se examinarmos todas essas coisas e considerarmos a grande variedade de trabalhos empregados em cada uma dessas utilidades, perceberemos que sem a ajuda e cooperação de muitos milhares não seria possível prover às necessidades, nem mesmo de uma pessoa de classe mais baixa de um país civilizado, por mais que imaginemos – erroneamente – é muito pouco e muito simples aquilo de que tais pessoas necessitam." (A Riqueza das Nações, publicado pela primeira vez em Londres em março de 1776)

É quase impossível ler isso e não tentar imaginar todo o processo produtivo descrito por Smith, nesse encadeamento fantástico. Um simples casaco de lã! Imaginemos a complexidade do mercado atual, com importações, exportações, taxas e câmbio, regulações nacionais e internacionais, blocos econômicos. Tente imaginar a cadeia produtiva que resultou no *smartphone* que você tem em mãos neste momento. Insumos, impostos, normas, padrões e regras de telecomunicações e outros.

Agora, proponho uma reflexão: o que aconteceria se regulações fossem impostas dentro da cadeia de produção do casaco de lã apresentada por Adam Smith? Exemplo: se surgisse um Sindicato dos Pastores de Ovelhas que estabelecesse um piso à classe, elevando em

20% seus salários. Suponhamos que um grande criador de ovelhas tivesse seis pastores empregados. Logicamente, ele teria de repassar esse novo custo ao preço da lã que vende de suas ovelhas, o que pode ter duas consequências: 1) o mercado absorve o aumento, repassa-o e o preço final do produto fica mais alto; 2) o mercado não absorve o aumento. O criador de ovelhas se vê obrigado a demitir dois pastores. Com isso, além de duas demissões – que geram pobreza devido ao menor poder de consumo no mercado –, os quatro pastores que continuam empregados no criadouro vão ser sobrecarregados. Talvez acabem perdendo ovelhas no pasto, o que gera mais aumento no preço da lã (pois o criador precisa manter sua estrutura de trabalho com menos ovelhas disponíveis para render-lhe lã). Se o mercado absorver, elevar-se-á ainda mais o preço final do casaco; mas é apenas uma conjectura bem simples.

O jornalista, historiador e escritor Lucas Berlanza (entrevista) compara o dilema do criador de ovelhas a um aumento de impostos sobre os livros. Isso feito, o dono da livraria passa a vender menos exemplares. Por conseguinte, precisa demitir um funcionário, pois não foi possível manter os preços nas estantes. Isso se reflete numa escola particular que precisa comprar livros. Com a elevação nos preços, fica com menos capital para investir em professores.

O economista, jornalista e escritor Rodrigo Constantino (entrevista) atribui como o grande discernimento de Adam Smith perceber que não se precisa da benevolência ou altruísmo daqueles que estão no mercado empreendendo, prestando serviço ou produzindo para obter um resultado benéfico e favorável à maioria. Então, com esse *insight* dele, da "mão invisível", que não se constitui em uma defesa cega do egoísmo, o que é uma deturpação do pensamento de Adam Smith – e quem leu seu primeiro livro *Teoria dos Sentimentos Morais* sabe disso –, ele está preocupado com o bem geral, com a empatia e com os mais pobres. Porém, esse discernimento de Smith foi o grande "pulo do gato" para perceber que o livre mercado é o melhor arranjo que existe exatamente para beneficiar os mais pobres. Milton Friedman (1912 – 2006), expoente da Escola de Economia de Chicago, de modo semelhante, dizia que o livre mercado é a única forma de fazer com que pessoas cooperem entre si de forma voluntária. Nesse sentido, segundo ele, a liberdade individual deve ser preservada.

Os pais da Escola Austríaca de Economia, por sua vez, não passam longe da constatação de Friedman e de Smith. De acordo com Ludwig von Mises (1881-1973), Friedrich Hayek (1889-1992) e os demais pensadores da Escola Austríaca, são as transações voluntárias que estabelecem a ordem econômica. "*É a partir de trocas mutuamente benéficas que os agentes (indivíduos e empresas) aumentam sua riqueza e bem-estar*", escreve o advogado e economista Diego Jardim Carvalho no ensaio *Competitividade e Reformas Institucionais no Brasil*, publicado no livro *Caminhos para a Liberdade: Série Pensamentos Liberais – Volume XIX*.

Nesse sentido, entendemos que obstáculos que se impõem sobre o processo de livre troca impedem que riqueza seja gerada, quando não ajudam a que a pobreza se propague. Winston Churchill já dizia que o defeito inerente ao socialismo é a distribuição igualitária da miséria. É mais ou menos como a constatação de que a escuridão se dá pela ausência de luz. Ou seja, no campo econômico podemos afirmar que a pobreza é ausência de geração de riqueza.

Os entraves burocráticos no Brasil

Um relatório do Doing Business 2015 aponta o Brasil na posição 120 entre 189 países avaliados quanto à facilidade de se fazer negócios – e mais: um levantamento do Conselho Federal da OAB (2008) coloca o Brasil entre os três países no mundo com mais advogados. Há um advogado para cada 322 habitantes. Além disso – pasmem –, a mesma instituição apontou em estudo realizado em 2010 que o Brasil tinha mais faculdades de direito do que todos os demais países do mundo. Esses números podem ser um indicativo de sermos uma sociedade de conflitos. Com as pesadas leis trabalhistas, que servem como torniquetes que estrangulam os empregadores, como citei acima, os empreendedores deixam de gerar mais empregos, por conseguinte mais riqueza ainda. Juntemos a isso um histórico de uma OAB (Ordem dos Advogados do Brasil) claramente tendendo ao marxismo cultural com uma sociedade doutrinada por décadas de gramscismo aliadas a uma cultura patrimonialista, clientelista e galgada a uma herança getulista enraizada na mentalidade dos brasileiros, e chegamos ao diagnóstico do Brasil: o país está doente. É um Estado gordo, ineficiente e cheio de conflitos trabalhistas.

Outro complicador nas relações de livre mercado são os sindicatos. De acordo com o Ministério do Trabalho, são mais de 16 mil sindicatos no Brasil, sendo mais de 11 mil de trabalhadores, sem contar as confederações, federações e centrais sindicais. Somando isso às regulações impostas pelo Estado, gerar empregos no Brasil torna-se quase um crime.

Os tributos no Brasil estão entre os mais altos do mundo. Tem imposto para tudo: federais, estaduais e municipais. Pagam-se tributos sobre propriedade, como o IPVA (estado) e o IPTU (município), por exemplo; sobre serviços, como o ISSQN, também retido pelo município; pelos produtos comprados, desde alimentos a utilidades, como nos casos do IPI e do ICMS; além do inacreditável IR, o Imposto de Renda. Ainda existem vários outros, como COFINS, CIDE... e nem menciono o confisco do FGTS – dinheiro do trabalhador.

Para realizar-se uma reforma tributária eficaz no país, no entanto, demanda-se com urgência uma boa reforma administrativa. O Instituto Millenium lançou em 2020 a campanha "Destrava", buscando conscientizar os cidadãos da urgência da reforma administrativa no Brasil. Para se ter uma ideia, nas últimas três décadas o gasto com o funcionalismo público mais que dobrou no Brasil. Para pagar essa conta, haja impostos! Por esse motivo, uma reforma tributária que de fato simplifique o trabalho do empreendedor só será possível e saudável se precedida pela administrativa. Sintetizando: os cidadãos brasileiros e a iniciativa privada sustentam uma máquina pública ineficiente e cara. O Brasil é um país em que se ensina a buscar o Estado como fonte de trabalho e renda, pois, via de regra, ganha-se muito mais no serviço público, isso sem a cobrança de uma eficiência como ocorre na iniciativa privada.

As privatizações também são o caminho a ser trilhado. Nas décadas de 1980 e 1990, o jornalista Paulo Francis alertava sobre a necessidade de privatizar a Petrobras. Menos de duas décadas após a morte desse gênio, os brasileiros se deparam com a estatal desnuda no maior escândalo de corrupção sistêmica da história do Brasil. A Petrobras é uma das "vacas sagradas" brasileiras, assim como os Correios, nosso caro e ineficiente serviço de entregas, de que vamos abordar mais à frente nas próximas páginas.

Voltemos ao casaco de lã de Adam Smith

Para findar, imaginemos a bela engrenagem produtiva do casaco de lã, demonstrada por Adam Smith, sob tutela do nó burocrático que se tem para produzir no Brasil. O inverno gaúcho é rigoroso e um bom casaco de lã de ovelha é deveras bem-vindo; mas para que o tecelão produza um bom casaco de lã no Rio Grande e no Brasil, é preciso antes desemaranhar os nós burocráticos, econômicos e administrativos que hoje o impedem de fazê-lo.

É necessário que haja mais liberdade e menos entraves para quem faz a roda da economia girar. Reagan disse que o homem não pode ser livre se o governo não for limitado. Somo a isso que a economia não pode ser próspera se ela não for livre. Menos Estado e mais liberdade, portanto.

A reforma trabalhista de 2017 mal fez cócegas no problema, mas foi um pequeno avanço. É preciso mais. Uma reforma administrava profunda, por sua vez, precede a tributária. Com esses passos e algumas privatizações, o terceiro-mundismo brasileiro pode estar com os dias contados. Eu acredito.

Façam-me um favor: não interfiram na produção do casaco de lã do trabalhador de Adam Smith. Liberdade econômica!

“O poder concentrado sempre foi
o inimigo da liberdade.”

Ronald Reagan

2.

INDEPENDÊNCIA E LIBERDADE

Nesses dias reflito sobre o Sete de Setembro e seu real significado, em que comemora-se a Independência do Brasil. Recorri ao meu acervo de livros e, com o cuidado de não cair em anacronismos, mas com a certeza de que a liberdade transcende os tempos e é inegociável, procuro fazer uma imersão na história.

Entre leituras e reflexões, deparei-me com a célebre frase atribuída a Dom Pedro I em 1822: "*Viva a independência e a separação do Brasil. Pelo meu sangue, pela minha honra, pelo meu Deus, juro promover a liberdade do Brasil. Independência ou Morte!*". Com essa palavras, estava, portanto, declarada a nossa independência de Portugal.

Em 2021 o Brasil completou 199 anos de sua desvinculação de Portugal. São quase dois séculos de independência, porém não, necessariamente, de liberdade. E esse é o ponto!

Se em 1822 conquistamos a independência, faz-se importante mencionar que ao longo das décadas subsequentes o Brasil muitas vezes flertou com o oposto do que entende-se por liberdade. Nos últimos 15 anos, outrossim – e para piorar a situação –, o petismo nos encaminhava a passos largos para o sequestro dessa tal liberdade. Mas o povo foi às ruas e, como bons filhos que não fogem à luta, brigaram até o impeachment da ex-presidente petista Dilma Rousseff.

Que nós brasileiros comemoremos a independência, mas que, ao mesmo tempo, não deixemos de refletir sobre a liberdade. Não há sentido em uma nação ser independente se seu povo não for livre. Basta observar Cuba e Coreia do Norte, que são países "independentes", mas que restringem totalmente a liberdade de seus povos.

O ex-presidente americano, Abraham Lincoln, alertou: "*não poderás ajudar os homens de maneira permanente se fizeres por eles aquilo que eles podem e devem fazer por si próprios.*"

Façamos, pois, como indivíduos, a nossa parte.

Independência e liberdade!

“Não existe essa coisa de dinheiro público,
existe apenas o dinheiro dos pagadores de impostos.”

Margaret Thatcher

3.

A PRIVATIZAÇÃO DOS CORREIOS E A ESTATIZAÇÃO APLICADA AO SEU CONDOMÍNIO

Quando o presidente dos Correios, general Floriano Peixoto, afirmou em determinada entrevista que a privatização da estatal estava em andamento – dando a entender que caminhava a passos largos –, a notícia, naturalmente, repercutiu de duas formas: 1) foi comemorada pelos brasileiros insatisfeitos que hoje têm consciência de que são reféns dos Correios – que detém o monopólio dos serviços postais brasileiros desde 1978; 2) foi criticada por três tipos de pessoas: aquelas que hoje ocupam bons cargos na estatal, aquelas que defendem um estado inchado para poder sugá-lo assim que possível e, por último, os incautos.

Via de regra, a demanda de privatizações das estatais brasileiras dá-se pela ineficiência dos serviços prestados, pelo custo alto e pelo sucateamento delas. Isso sem falar que são cabides de empregos políticos e, não obstante, grandes máquinas vulneráveis à corrupção. No caso dos Correios, a desestatização é fundamental, "pois alia a estrutura já existente à expertise do mercado, desonerando o Estado de uma função que não é mais tipicamente pública", como afirmou o próprio presidente da estatal.

Imaginemos o caso de um condomínio residencial. Atualmente, na maioria deles, os serviços são terceirizados: portaria, segurança, manutenção (pintura, hidráulica, limpeza). E por que são terceirizados? Porque seus serviços são mais baratos, mais eficientes e podem ser requisitados de acordo com as demandas. Se o serviço prestado for ruim, busca-se outro profissional no mercado para realizar esse serviço.

Agora pensemos no custo que os moradores de um condomínio teriam se todos os serviços necessários fossem realizados por profissionais contratados mediante concurso público, com salário fixo e estabilidade – imunes a demissões. Suspeito que os moradores não aceitariam esse método em seu condomínio (risos). Exemplo: por que pagar um pintor de forma mensal e permanente sem que haja, proporcionalmente, a mesma demanda de serviço de pintura mensal e permanente? Por que manter um profissional para cuidar da manutenção dos elevadores sem que haja essa demanda permanente? O questionamento é válido para todas as funções.

Nas estatais brasileiras é mais ou menos assim que a dinâmica funciona. Servidores são amontoados em cargos, muitos deles dispensáveis. Isso a um salário estabelecido, na maioria das vezes, acima dos pagos na iniciativa privada, com vários direitos e reajustes. Naturalmente, o custo dos serviços torna-se elevado se comparado à iniciativa privada e, como há estabilidade, o serviço é menos eficiente. Isso sem falar nas greves, como no caso dos Correios, que deixam seus clientes a ver navios.

Se você é contra a privatização dos Correios, não por ser alguém que perde regalias com isso, mas sim por falta de entendimento, observe, como citado acima, o organograma de serviços de seu condomínio. Imagine estatizar esses serviços com as regalias dos servidores públicos brasileiros. Você toparia?

Outro ponto: se uma empresa privada é mal administrada, ela arca com as consequências – e pode ir à falência. Já nas estatais, quando há deficiência financeira, como vimos no rombo bilionário na Petrobras causado pelo PT há bem pouco tempo, a conta é jogada para os pagadores de impostos. Além do mais, o fim de monopólios proporciona a abertura de livre concorrência – o que tende a reduzir os preços no mercado.

As privatizações são a estrada pavimentada para o desenvolvimento que tanto urge ao Brasil. Precisamos de uma retomada pós-pandemia com um país já mais enxuto e, por conseguinte, mais moderno. Essa redução do tamanho do Estado, como com a privatização dos Correios, além de proporcionar serviços mais baratos e eficientes, vai reduzir as chances de corrupção e de negociatas de cargos públicos.

Lembremos de que o Mensalão teve início nos Correios. Que venham mais privatizações!

4.

DOSTOIÉVSKI, ORWELL E FRANCIS: DA REVOLUÇÃO À DECEPÇÃO COM O SOCIALISMO

Eles viveram em períodos diferentes, com contextos diferentes e escreviam em gêneros literários diferentes, mas os três autores tinham duas coisas em comum: 1) eram jornalistas; 2) se desiludiram com o socialismo. Como bem consta no título do texto, estou falando dos escritores Fiódor Dostoiévski (1821-1881), George Orwell (1903-1950) e de Paulo Francis (1930-1997). Neste pequeno ensaio, vamos apenas arranhar a imensa superfície desses três gigantes literários, na perspectiva de sublinhar aspectos que causaram a desilusão do trio com a ideologia socialista.

No final da primeira metade do século XIX, o escritor russo – que no meu entender está entre os cinco maiores de todos os tempos – passou a frequentar um círculo intelectual revolucionário socialista de São Petersburgo, conhecido como Petrashevski. Por conta disso, foi preso em 1849. Após oito meses enclausurado, ele e outros prisioneiros foram condenados à morte por fuzilamento. Segundos antes de ser executado, no entanto, Dostoiévski recebeu do Czar Nicolau I uma súbita e surpreendente mudança em sua sentença: o então autor de Gente Pobre (1846) não mais seria executado: seria condenado a passar quatro anos na Sibéria para trabalhos forçados e mais alguns anos como soldado, num total de dez anos.

Da experiência na prisão, Dostoiévski escreveu o romance, que não deixa de ser uma autobiografia de sua estadia como preso, *Memórias da Casa dos Mortos* (1861). Na obra, Fiódor anotou cada momento que vivenciou como presidiário: a solidão, a convivência com os presos... Observou de perto a miséria humana ao extremo. Fiódor foi sendo remoldado intelectual e psicologicamente à medida que passou seus dias preso. A experiência gerou uma guinada na visão de mundo do autor, que passou a deixar de ver o socialismo como a solução para os problemas da sociedade. Chegara a uma conclusão: o mal da humanidade se dava não por ideologia, mas sim pelo afastamento do homem de Deus. Ou seja: o mundo é ruim por causa da falência do ser humano, de sua miséria e desgraça interior; porque o próprio homem é mau e não porque uma "classe oprime outra".

Tal constatação do autor russo pode ser bem percebida nos demais livros que escreveu a partir desse período, como *Crime e Castigo* (1866) – com o maldito personagem Raskolnikóv –, *O Idiota* (1869) e *Os Irmãos Karamázov* (1880) – entre outros livros e artigos. Muitos pensadores o classificam como reacionário. De forma alguma afirmo que Dostoiévski se tornou um conservador como Edmund Burke (1729-1797) ou como Roger Scruton (1944-2020), ou até mesmo um liberal como Ludwig von Mises (1881-1973); é fato, entretanto, que ele se distanciou do socialismo – e cada vez mais. Defendeu o livre pensamento e a liberdade de imprensa como poucos em sua época, quando escrevia sua coluna Diário de um Escritor em um periódico conservador russo – conteúdos que após sua morte foram compilados como livro por várias editoras pelo mundo afora. Como ocorre com muitos, o escritor se distanciou das ideias socialistas à medida que amadureceu na idade e na vida.

Em *Diário de um Escritor*, escreve: "*Os pregadores do materialismo e do ateísmo, que proclamam a autossuficiência do homem, estão preparando indescritíveis trevas e horrores para a humanidade sob pretexto de renovação e ressurreição*", como bem lembra o filósofo Luiz Felipe Pondé em seu livro *Crítica e Profecia – A Filosofia da Religião em Dostoiévski*. Na introdução da obra de Pondé, também é mencionado um trecho de *Os Irmãos Karamázov*: "Ame toda a criação de *Deus, ela inteira e cada grão de areia nela. Ame cada folha, cada raio da luz de Deus. Se amar tudo, perceberá o mistério divino das coisas.*" Cristão ortodoxo e cada vez mais avesso ao socialismo, Fiódor Dostoiévski morreu em São Petersburgo, em 9 de fevereiro de 1881.

O indiano naturalizado inglês George Orwell, apesar de em entrevistas negar de forma tímida que deixara de ser socialista, escreveu um clássico que foi um tapa na cara das ideias do totalitarismo da esquerda: o livro *1984* (1949). A trama conhecida e tão atual narra a história de Winston Smith, vigiado pelo Grande Irmão (Estado) sem qualquer tipo de liberdade. A história fora apagada e reescrita pelo Estado totalitário. Já em *A Revolução dos Bichos* (1945), minha obra favorita do autor, Orwell faz analogia a Marx/Lênin (1818-1883 e 1870-1924), Stalin (1878-1953) e Tróstki (1879-1940) com porcos totalitários – chamados, respectivamente, de Porco Major, Napoleão e Bola de Neve.

Apesar de conter apenas 140 páginas, o livro é uma obra-prima. Em Um Experimento em Crítica Literária (2019, Brasil), o escritor Clive Staples Lewis (1898-1963) – conhecido como C. S. Lewis –, professor de literatura inglesa em Oxford e, após 1954, eleito à cátedra de Literatura Medieval e Renascentista em Cambridge, além de ser considerado um dos maiores críticos literários de todos os tempos, afirmou que Animal Farm (título original inglês de *A Revolução dos Bichos*) foi mais genial que 1984 tanto por sua crítica alegórica como pelo formato mais condensado. Eu concordo com Lewis. É mais que natural a preferência do autor de *As Crônicas de Nárnia* por um livro que tende à fantasia. Afinal, essa era a especialidade do amigo de J. R. R. Tolkien (1892-1973). Orwell dá uma lição aos neorrevolucionários ao não deixar a paixão ideológica o impedir de enxergar as aberrações do comunismo soviético e fazer as mais duras críticas – e olha que naquela época a KGB não brincava em serviço e tinha agentes infiltrados por todos os lados.

Francis (1930-1997) – e já escrevi sobre isso em meu livro *A Filosofia do Fracasso: ensaios antirrevolucionários* (2020) – chegou a ser preso durante o regime militar no Brasil. Trotskista de carteirinha, apaixonado por arte, sobretudo por livros e pela escrita, migrou para

Nova Iorque e se rendeu ao capitalismo. O contraste de um país terceiro-mundista como o Brasil com os Estados Unidos o fez refletir e mudar de lado. Passou a ser um liberal na economia e grande defensor das privatizações, sobretudo da Petrobras. Morreu cedo e deixou saudades, mas também deixou um exemplo de sobriedade político-ideológica e cultural com sua conversão de pensamento.

Cito esses três expoentes intelectuais bem distintos como exemplos de que mudar é possível e ser idiota a vida inteira é burrice. Parece pleonasmo, mas não é. Isso vale tanto para revolucionários marxistas como para o próprio Brasil, que é amarrado há quase um século por uma herança comunista deixada por Prestes (1898-1990), e varguista, com uma cultura de paternalismo, patrimonialismo e outros ismos. O certo é que mudar é preciso. O Brasil precisa sair do buraco e as reformas econômicas são um dos caminhos. Escrevo "um dos" porque ainda há muito a ser feito no campo cultural. Isso também vale para essa nova direita que surge, que às vezes vive em bolhas e não enxerga meio palmo à frente. A prometida mudança na educação não ocorreu. Minar universidades e escolas com reacionários talvez não seja o melhor antídoto contra os doutrinadores ideológicos marxistas que vivem como carrapatos sugando o sangue nas universidades e no ensino básico. Ou seja, a ocupação de espaços como resposta ao aparelhamento gramscista deve ser natural, e não com a imposição de uma fanática direita de polo-invertido.

Dostoiévski, Orwell e Francis deram exemplo: mudaram! Observemos que viveram em períodos bem mais nebulosos em termos de liberdades. Alguns, em pleno 2020, com tantos exemplos históricos de cerceamento às liberdades, ainda flertam com o socialismo; outros não se rotulam como revolucionários, mas infelizmente são engolidos pela Síndrome de Estocolmo e se rendem à imposição do Estado aos cidadãos – e os altos impostos são um exemplo. Não acredito em anarcocapitalismo, o que para mim mais parece um formato de mundo *Mad Max*. Creio num Estado mínimo e eficiente, com impostos proporcionais ao tamanho dessa máquina pequena e, como disse, eficiente. Porém, quanto ao modelo político-tributário do Brasil, não preciso fazer uso de eufemismo politicamente correto para definir: somos reféns de um Estado que impõe impostos extorsivos que equivalem a um estupro. Isso mesmo: o Estado não pergunta se você quer ou não pagar imposto. É na base da força, da imposição – quase como no romance *1984*, de Orwell. Mesmo assim, poucos nos dias atuais, infelizmente, são os que se levantam e protestam contra os impostos. Assim, atestam o que escrevi acima: a maioria dos brasileiros foi engolida pela Síndrome de Estocolmo; mas aí já vamos para outro rumo nesta prosa...

Para findar, que a catarata ideológica não te cegue, caro leitor. Lembre-se de Dostoiévski, de Orwell e de Francis. Homens que sobrepuseram o intelecto à paixão – pois pensar um pouco, às vezes, faz bem. No caso específico dos três autores abordados neste pequeno ensaio, descortinou-se o mundo, pois o socialismo, como definiu Winston Churchill (1874-1965), é a crença na ignorância.

5.

JOHN LOCKE, O ESTADO MODERNO E O PARLAMENTARISMO NO BRASIL

Terminei de ler o ensaio do professor e ex-ministro da Educação, Ricardo Vélez-Rodríguez, sobre as ideias de John Locke (1632-1704). **O texto foi publicado no site do Instituto Liberal**. Vale muito a leitura se você pretende conhecer mais sobre o pensamento de Locke, sobre os *Dois Tratados sobre o governo*, escritos entre 1679 e 1689, e sobre a Revolução Gloriosa de 1688, ocorrida na Inglaterra.

A obra de Locke – impactante a ponto de causar sua expulsão da Universidade de Oxford – "*(...) culminou na deposição do Ancien Regime e sua substituição por um novo modelo. A Convenção do Parlamento, que traçava o futuro constitucional da Inglaterra, fez a Declaração de Direitos que estabeleceu a Monarquia Constitucional, em 12 de fevereiro de 1688*", cita Vélez-Rodríguez.

A partir disso, portanto, ocorre a primeira separação dos poderes. A figura do rei – agora não mais Jaime II e sim Guilherme III de Orange e Maria II – perde o poder absoluto. Cria-se o Parlamento Inglês. Dá-se, assim, início à formação do Estado Moderno com a divisão de dois poderes. Aliás, eram seis os poderes que tinha o Estado, mas cinco ainda ficariam concentrados no rei e apenas um, o Legislativo, no parlamento. O rei passa, no entanto, século a século, a perder mais poderes, que hoje são seis nas democracias modernas parlamentaristas. Isso está sintetizado em alguns capítulos de meu livro, *A Filosofia do Fracasso: Ensaios Antirrevolucionários* (2020).

Nesses capítulos desdobrei, com ajuda do Dr. Vinícius Marques Boeira – presidente do Movimento Parlamentarista Brasileiro – o que pode levar anos para ser compreendido, a despeito da hexapartição de poderes e da formação da sociedade moderna no contexto de política parlamentarista, se buscarmos como fontes escritos de Max Weber (1864 – 1920), do liberal e estudioso das democracias, Alexis de Tocqueville (1805 – 1859), e de outros tantos pensadores. Os capítulos do livro são apenas um norte àqueles que quiserem aprofundar o tema.

Levanto a questão para refletir sobre nosso sistema de governo presidencialista. A Constituição de 1988 foi moldada ao sistema parlamentarista, porém opera no presidencialismo. Logo, nosso sistema é manco.

Entre tantas vantagens de um sistema de governo calcado no parlamentarismo, está a facilidade de um impeachment do chefe de Governo – e lembremos aqui o demorado parto que foi o impeachment da ex-presidente petista Dilma Rousseff. O voto distrital puro é outro fator interessante, pois aproxima o eleitor de seu eleito, visto que divide-se cada estado do país em pequenos distritos. Logo, cada distrito elege um parlamentar.

Muitos creditam a falta de credibilidade do Parlamento brasileiro como empecilho para um possível sistema parlamentarista no país. Uma pesquisa nacional realizada pela XP/Ipespe, por exemplo, aponta que o desempenho do Congresso Nacional foi classificado como ótimo/bom por apenas 11% dos brasileiros, sendo que 44% dos entrevistados classificaram o trabalho do Legislativo como ruim/péssimo. Li tais dados em recente artigo publicado pelo deputado federal Marcel van Hattem. Se, por um lado, os cidadãos brasileiros não confiam em seu parlamento – o que depõe contra um eventual sistema parlamentarista no Brasil –, por outro, temos de considerar que é, justamente, nesse sentido que o sistema parlamentarista pode melhorar a imagem do parlamento com o voto distrital – que, como citado acima, gera uma proximidade do eleitor com seu eleito.

Se observarmos o sistema parlamentarista inglês (monárquico), considerado parlamentarismo-mãe, nos deparamos com outro aspecto essencial para a governabilidade: o chefe de governo – que equivale ao presidente, pois é ele quem governa – surge de uma maioria do parlamento. Assim sendo, esse chefe de governo já inicia sua gestão com muito mais chances de propor e colocar em prática os projetos e programas de seu governo para o bem de sua nação – nesse caso específico, dos britânicos. Sem dúvidas, o sistema parlamentarista de governo proporciona a maior representatividade e a maior pluralidade possíveis em uma democracia. Os Estados Unidos, por exemplo, embora *de jure* sejam um país presidencialista, na prática operam como parlamentarista – a começar pelo voto distrital.

Está na hora de colocar em pauta essa discussão no país. É preciso reconhecer que não há solução mágica, é bem verdade. Porém, nos países com sistema parlamentarista, encontram-se os melhores índices de desenvolvimento – o que também é uma verdade a ser reconhecida.

A história nos ensina que esperar por salvadores da Pátria, via de regra, termina em problema. Os piores déspotas surgiram da esperança de povos. Nesse conto, portanto, não caio mais. Não por isso, é bem verdade, devemos deixar de reconhecer os heróis que, de fato, se levantaram em meio a grandes crises, guerras e lideraram suas nações. Quem seria o John Locke brasileiro para dar início a esse importante e – sim! – possível avanço em nossa democracia?

É evidente que uma mudança no sistema de um governo demanda muita discussão e maturidade nas relações dos Poderes e também da sociedade, mas alguém no Brasil precisa levantar a bandeira de mudança no sistema de governo, como fez John Locke. Que os contextos – entre a Inglaterra do século XVII e o Brasil atual – são diferentes, é preciso reconhecer, até para não cair em qualquer anacronismo. Outrossim, é necessário compreender que também há algo em comum entre a Inglaterra de Locke e nosso tão surrado – e sugado! – Brasil do século XXI: os ingleses precisaram avançar e mudar seu sistema de governo; o Brasil também precisa dar esse passo, corrigir o pé manco e sair do atraso.

Em uma célebre frase, Locke desenha nossa política atual no Brasil: "*Os pais se perguntam por que as águas do rio são amargas quando eles mesmos envenenam a fonte*". Ou seja, nós, cidadãos, criticamos os políticos que nós mesmos elegemos e colocamos em Brasília, justamente para governar nesse sistema de governo que, como já disse, é manco, atrasado e, preciso parafrasear Locke, amargo e envenenado.

"A afirmação de que a democracia pura representa
a única forma de governo tolerável constitui uma
verdade tão universalmente reconhecida a ponto
de não se permitir a um homem duvidar de seus méritos,
sem que lhe advenha a suspeita de ser um amigo
da tirania, ou seja, um inimigo do gênero humano?"

EDMUND BURKE

6.

SOBRE SUSPEIÇÕES, LULOPETISMO E A "SUPREMA CORTE"

O julgamento desta semana da Suprema Corte sobre a suspeição do ex-juiz da Lava Jato Sérgio Moro não me causou surpresa. Por 3 votos a 2, a Segunda Turma decidiu que Moro – o valente juiz que desmantelou o maior esquema de corrupção sistêmica da História do Brasil – foi "parcial" ao condenar o ex-presidente Luiz Inácio Lula da Silva na ação do triplex do Guarujá. O caso agora volta à "estaca zero" – leia-se: foi findado e Lula inocentado para sempre...

Por que não me causou surpresa a decisão da Corte? A resposta é fácil: basta observar o histórico do tribunal, a começar pelas indicações de alguns ministros, que não instigam qualquer confiança nos cidadãos brasileiros. De quando em quando, a Corte "presenteia" o país com decisões controversas e, quando não, arbitrárias. Via de regra, as sentenças da Corte privilegiam os mesmos: bolivarianos e criminosos (haja vista a derrubada da prisão após condenação em segunda instância). Não vou aqui desdobrar outros entendimentos da Corte que nos causaram espanto, como o caso do ministro três-em-um, que no mesmo processo é "vítima", acusador e julgador.

O certo é que a Corte demonstra que direciona seus esforços, tantos quantos sejam necessários, para seguir sua linha de decisões de clarividência ideológica e política. Mais uma vez, a Corte beneficiou o mesmo bolivariano e, como se não bastasse, tenta reescrever a História da maior operação contra a corrupção no país e declara o herói Sérgio Moro como "suspeito".

Ora ora... se Moro é suspeito para julgar Lula, Lewandowski não seria da mesma forma suspeito para se envolver em julgamento que envolve Lula? Dias Toffoli, ex-advogado do PT, deveria julgar casos que envolvem Lula? E Gilmar Mendes, claro desafeto de Moro, poderia julgar sua suspeição? Isso só ocorre na República Democrática da Opinião Única. E a opinião que prevalece, infelizmente, é a da turma da Corte.

Em meu livro A filosofia do fracasso: ensaios antirrevolucionários (2020), cito em um capítulo sobre o sistema parlamentarista a percepção que o saudoso Joaquim Nabuco teve da máquina política e jurídica inglesa. Nabuco, que viveu no período imperial e na República, elogiou o Parlamento britânico e se maravilhou com o Judiciário que lá opera. Fico a pensar: o que diria hoje Joaquim Nabuco de nossa Corte?

"O problema do comunismo
é querer reformar o batedor de carteiras
proibindo os outros de usarem bolsos."

G. K. Chesterton

7.

G. K. CHESTERTON E A SIMPLES, PORÉM COMPLEXA, ARTE DE PENSAR

Certa vez, um jornalista indagou G. K. Chesterton (1874-1936) sobre qual livro o escritor gostaria de ter em mãos se fosse parar em uma ilha deserta. Chesterton parou, pensou e respondeu: "Já sei! Guia Prático para a Construção de Navios". O relato está no prefácio à edição em português de meu exemplar de Ortodoxia (2017), de Chesterton. Quem assina o belo prefácio é o jornalista Philip Yancey.

"Simples, porém complexa arte de pensar". O título do texto parece fora do eixo, é verdade, mas era justamente assim que Chesterton pensava, na contramão da linha de pensamento de seu tempo. Com sua genial capacidade de em questão de segundos formular frases e respostas com paradoxos, o gigante inglês engolia antagonistas de suas ideias como um crocodilo devora um pedaço de carne. Gilbert Keith, outrossim, fazia como ninguém uso da ironia e do humor, como lemos no primeiro parágrafo, com seus interlocutores.

Já li e vi muitos criticarem Chesterton por suas defesas ao Distributivismo. Não entro aqui na discussão, até para não cair em anacronismo, dado o momento e o contexto em que o escritor e jornalista inglês manifestara tal opinião, bem como o fato de que Chesterton também batia de frente com marxistas. G. K. também fez lá seus elogios à Revolução Francesa de 1789, que, a partir da Queda da Bastilha, lambuzou a França de sangue, haja vista as mortes de Luiz XVI e família, com a guilhotina jacobinista. Uma revolução que usava como bandeira a luta contra a autocracia se tornou mais autocrática, porém com muito mais sangue – como escrevi acima.

Fiz questão de trazer no texto as duas observações sobre pontos dos quais discordo de Chesterton. E é nessa linha, justamente, que vamos discorrer no texto: não assassinar a reputação de um pensador por diferenças pontuais, algo que é comum no Brasil atual, em que impera a República Democrática da Opinião Única. Para tanto, como arcabouço, vamos usar dois livros do escritor inglês. Chesterton, que também era jornalista, escreveu mais de 4 mil artigos. Dizem que, enquanto escrevia um texto, ditava outro à sua secretária. Vamos lá, então...

Em O Homem Eterno (2018, pág. 9), outro clássico de Chesterton escrito como complemento ao livro Ortodoxia, ele faz uma analogia incrível sobre a importância do observar de fora para ter-se uma compreensão da realidade. O trecho está na introdução do livro:

"*Há duas maneiras de chegar em casa, e uma delas é ficar por lá. A outra é caminhar e dar a volta ao mundo inteiro até retornarmos ao mesmo lugar. E eu tentei seguir o rastro de uma viagem assim em uma história que escrevi outrora. É, todavia, um alívio passar daquele tópico para outra história que nunca escrevi. Como todos os livros que nunca escrevi, trata-se de longe do melhor livro que jamais escrevi. Mas é muito grande a probabilidade de que nunca venha a escrevê-lo, por isso vou usá-lo aqui de modo simbólico, pois era um símbolo da mesma verdade. Eu o concebi como um romance situado naqueles vastos vales com encostas em declive, como aqueles ao longo dos quais os antigos cavalos brancos de Wessex aparecem esboçados nos flancos das montanhas. O romance dizia respeito a algum rapaz cujo sítio ou casinha situava-se num desses declives, e ele empreendeu uma viagem em busca de alguma coisa tal como uma efígie ou o túmulo de algum gigante. E quando estava a uma boa distância de casa, ele olhou para trás e viu que seu próprio sítio e quintal brilhando nitidamente no flanco da montanha, como as cores e quadrantes de um brasão, eram apenas partes de alguma dessas figuras gigantescas, onde ele sempre havia morado, mas que eram demasiado grandes e estavam perto demais para serem vistos por inteiro. Esse, penso eu, é um quadro verdadeiro do progresso de qualquer inteligência atual realmente independente (...)."* Em outras palavras, Chesterton quer dizer que é preciso haver um distanciamento do objeto de crítica para obter-se uma visão mais ampla, pois, quando se está próximo demais, a visão ou o intelecto humano não abrange a amplitude do objeto em questão.

Edmund Burke (1729-1797) escreveu a mais bem elaborada e impactante crítica à Revolução da França estando na Inglaterra. É bem verdade, no entanto, que sua baliza para exprimir tais críticas se encontrava na Revolução Gloriosa de 1688, de sua querida Inglaterra – embora Burke fosse irlandês. O fato é que a crítica em forma de carta foi composta de longe, fora da bolha. Sobre as bolhas da internet no Brasil, aliás, escrevi em meu livro A Filosofia do Fracasso: ensaios antirrevolucionários (2020).

Max Weber (1864-1920) discorreu sobre o capitalismo entre os séculos XIX e XX. Apesar de ser considerado um dos pais da sociologia junto de Karl Marx (1818-1883) e de Emile Durkheim (1858-1917), diferente do que muitos imaginam, ele não foi propriamente de esquerda. É considerado por pensadores da escola liberal, em especial o brasileiro José Guilherme Merquior, inclusive, como um "semi-liberal". A análise weberiana sobre o capitalismo ganhou corpo quando Weber saiu da Alemanha e embarcou para os Estados Unidos. Sugiro a leitura de A Ética Protestante e o "Espírito do Capitalismo", de Weber. O capitalismo não é perfeito e não se exime de críticas, assim como a democracia, como bem disse Churchill, em outras palavras, que esta era o "*menos pior dos modelos". Falando em democracia, Alexis de Tocqueville (1805-1859) foi outro que saiu do meio de sua parentela e foi estudar sobre o tema nos EUA. Assim como Weber, Tocqueville pôde observar sua terra com outro campo de visão, com outra amplitude. É a esse ponto que Chesterton quer chegar na história que se passa no "melhor livro que ele jamais escreveu"*.

Nos dias atuais, algumas bolhas da internet estão habitadas por pessoas com pensamento único, imutável. O problema não necessariamente se restringe a mudar de opinião, mas a conviver com o contraditório, com a crítica. A História nos oferece provas de que tais comportamentos de massa fomentaram o surgimento de déspotas, que usaram a manipulação e técnicas de condicionamento dessas massas, como o condicionamento de Pavlov, para se alimentarem.

É preciso que paremos e pensemos para não cairmos no engano e não nos transformarmos em uma massa de idiotas úteis. Observe que Chesterton, quando indagado pelo jornalista, antes de responder, "para e pensa". Estamos dispostos a "parar e pensar", saindo da polarização para a pluralização de ideias, ou estamos condicionados a repetir sempre os mesmos argumentos, agindo como papagaios de internet? Aqui caberia uma boa analogia com o Mito da Caverna.

Nestes dias, leio A Trilogia Cósmica de C. S. Lewis (1898-1963), que foi influenciado por Chesterton, aliás. Na trama do primeiro livro da trilogia, um filólogo professor de Cambridge é levado a outro planeta. Lá, se depara com outros seres. Fico aqui a imaginar, considerando que um desses extraterrestres caísse no Brasil, qual livro – assim como o jornalista indagou a Chesterton – gostaria de ter em mãos. Talvez, quem sabe – ou até certamente –, O Guia Prático para Implodir o Brasil.

Findo o texto, e não poderia ser diferente, com um paradoxo ao estilo do Príncipe dos Paradoxos, Gilbert Keith Chesterton: precisamos exercer a simples, porém complexa, arte de pensar. Para tanto, basta sair da bolha e olhar pelo lado de fora. Termino, mais uma vez, com o mito de Platão: não acredito em nenhum "Mito", sobretudo se vive em uma caverna, como alguns que vemos por aí – descuidando do imperativo de sair dela para exercer o salutar esforço do pensamento.

8.

FRANCIS, FLAUBERT, SCHOPENHAUER E A ARTE DE ESCREVER

Dia desses, ouvia um áudio do professor de escrita criativa e crítico literário Rodrigo Gurgel, em seu canal no Telegram, em que falava sobre sua saudade dos textos do gênio-jornalista Paulo Francis (1930--1997). Francis, direto de Nova Iorque, escrevia uma página inteira, ora no jornal O Estado de São Paulo, ora na Folha de S. Paulo. Política, geopolítica, cultura... Hoje, as colunas dos articulistas brasileiros minguam a, no máximo, dois mil toques – quando muito; mas a questão que aqui quero abordar não é o volume, mas sim a qualidade, a assertividade e a originalidade.

Em seu belo prefácio no livro A arte de escrever, de Arthur Schopenhauer (1788-1860), Pedro Süssekind, professor efetivo do Departamento de Filosofia da Universidade Federal Fluminense (UFF), discorre sobre a crítica do filósofo alemão focada em três tipos de escrita: 1) "(...) ele (Schopenhauer) identifica como alguns dos principais problemas estilísticos de sua época a falta de clareza, a prolixidade e os neologismos, que seriam indícios de uma tentativa de dar aparência erudita e profunda a textos sem conteúdo. Schopenhauer caracteriza, então, três estilos, um 'em sentenças curtas, ambíguas e paradoxais, que parecem significar muito mais do que dizem'; outro que, contrariamente ao primeiro, recorre a uma 'torrente de palavras, com a mais insuportável prolixidade'; e, por fim, o estilo 'científico e profundo, no qual o leitor é martirizado pelo efeito narcótico de períodos longos e enviesados'". Para cada tipo estilístico, sustenta Süssekind, Schopenhauer dá-nos exemplos, como os hegelianos, enquadrados no terceiro modelo.

É nesse sentido que trago Paulo Francis para o ringue. Quem lia o outrora comunista e então convertido num "capitalista selvagem" percebia em seus textos uma dinâmica de linguagem extremamente culta, porém com uma simplicidade aguda e sarcástica que permitia que o mais humilde leitor pudesse compreender. Francis sabia escrever – e mais: ele "sabia que sabia" escrever bem! Dos 15 aos 30 anos, Francis lera seis horas diárias, geralmente literatura – o que formou seu arcabouço intelectual e delineou sua estilística escrita. O jornalista, portanto, foi a antítese da crítica de Schopenhauer. Em A Mais Antiga Profissão Do Mundo, há uma seleção de relíquias do velho "Franz Paul".

No cenário brasileiro atual, entretanto, podemos identificar os três tipos estilísticos de escrita/fala apontados por Schopenhauer. No primeiro, estão os "lacradores" de internet. Via de regra são rasos, não conhecem a superfície do terreno, mas escrevem/falam como se fossem geólogos com anos de escavação na terra. Seus conteúdos, mal embasados, são repletos de achismos. O pior: alguns são chatos como papagaios.

No segundo, a Suprema Corte cabe muito bem. No terceiro – e até poderia citar novamente a Corte, mas é preciso lembrar que lá tem ministro com currículo e mestrado com indícios de fraude, o que não encaixa no quesito de "cientificidade" exposto por Schopenhauer –, entram os textos antropológicos acadêmicos, que narcotizam o leitor. São soníferos!

Claro que são classes diferentes que exigem textos distintos. Mas, te pergunto, caro leitor: tu consegues compreender as falas dos ministros do Supremo Tribunal Federal? Tu és capaz de ler as dezenas de páginas dos textos antropológicos que recebes como "tema de casa" na universidade? E mais: aguentas YouTuber e papagaio de internet raso e chato? E o que Schopenhauer diria de Felipe Neto?

Para escrever, todavia, não é necessário ser doutor em Letras, Filologia ou Filosofia. Basta ser original. Menos pode significar mais.

"Simples" não é sinônimo de falta de erudição, assim como usar termos e expressões difíceis não significa escrever bem.

Outro bom exemplo de escrita vemos em Gustave Flaubert (1821-1880). Em uma das correspondências que o romancista francês envia aos 20 anos a seu ex-professor de literatura, enquanto estava prestando provas para a faculdade de Direito em Paris, ele fornece pistas de suas preferências literárias: lia, naquele momento, Tácito e Homero. Tácito (56-117), senador e historiador romano, tinha um estilo de escrita agudo, direto e claro (e esse macete sobre o estilo de Tácito aprendi com o professor Rodrigo Gurgel). Aqui pode-se ter uma base para entender a formação estilística de Flaubert. O escritor francês chegou próximo da perfeição na arte da descrição de paisagens, personagens e objetos representados em seus romances. Era claro e direto, sem frases alencarianas floreadas. Não por isso deixou de ser genial! A descrição do processo de preparação do corpo da falecida Emma Bovary é uma aula nesse sentido. Uma pequena parte das correspondências de Flaubert pode ser lida nas Cartas Exemplares, do escritor.

Para não ser "prolixo", findo por aqui: Francis, ex-trotskista que tornou-se um capitalista ianque, foi um intelectual completo. Um erudito de texto invejável que, sem dúvidas, seria elogiado e lido até pelo amargo Schopenhauer. Tempos difíceis... Que saudade do Francis.

Waal...

“Não existe almoço grátis.”

Milton Friedman

9.

MAX WEBER: A FORÇA DE TRABALHO E SALÁRIO, O RISCO DO EMPREGADOR E A PANDEMIA NO BRASIL

Em *A Ética Protestante e o Espírito do Capitalismo*, o economista, sociólogo e "semi-liberal" – de acordo com Merquior (1941-1991) – alemão Max Weber (1864-1920) discorre em determinado ponto sobre a relação "remuneração versus força de trabalho" do empregado. Seu objeto de estudo é um "patrão" do ramo da agricultura que decide aumentar a remuneração de seus empregados proporcionalmente à sua força de trabalho para conseguir uma maior produtividade na colheita. A *verwertung* (valorização) proposta pelo empregador, no entanto, gera um problema a ele. Os trabalhadores, sabendo que passariam a ganhar um valor maior por produção, em vez de no mínimo manterem a produtividade individual para, com isso, manterem o salário no final do mês – sendo que a ideia do patrão era incentivá-los a, com o aumento de remuneração, produzirem mais –, optaram por trabalhar menos, proporcionalmente aos seus aumentos na remuneração pela produção. Ou seja, entre ter um salário maior ou trabalhar menos, eles optaram pela segunda alternativa. O patrão, por sua vez, evidentemente teve prejuízo – ou redução em seu *erwerb* (lucro) –, pois passou a pagar mais pela mesma entrega final.

A opção dos trabalhadores do estudo de caso de Weber por *Lebensgenuss* (aproveitar a vida) em vez da escolha por mais empenho no trabalho me chamou atenção. Evidente que neste pequeno ensaio devemos considerar as condições do período e do local analisados por Weber, até para não cairmos em qualquer anacronismo. É importante salientar que a obra foi publicada por Weber primeiro em duas levas, 1904 e 1905, e depois em uma versão revista e ampliada em 1920 – ano sua morte.

Discorre Weber:

"Um dos meios técnicos que o empresário moderno costuma aplicar para obter de "seus" operários o máximo possível de rendimento no trabalho e aumentar a intensidade do trabalho é o salário por tarefa. Na agricultura, por exemplo, um caso que reclama imperiosamente o aumento máximo da intensidade do trabalho é o da colheita, visto que, notadamente, quando o clima é incerto, oportunidades de lucros ou prejuízos extraordinariamente altos dependem muitas vezes da possibilidade de sua aceleração. Daí o costume de usar quase sempre o sistema de salário por tarefa. E como, com o aumento das receitas e da intensidade do empreendimento, em geral costuma crescer o interesse do empresário em acelerar a colheita, é óbvio que repetidas vezes se tentou interessar os trabalhadores na elevação do rendimento de seu trabalho mediante a elevação da taxa de remuneração por tarefa, o que lhe daria em curto espaço de tempo a oportunidade de ganho que para eles era excepcionalmente alto. Só que aí surgiram dificuldades peculiares: o aumento do pagamento por tarefa o mais das vezes não teve por resultado maior produtividade do trabalho no mesmo intervalo de tempo, mas sim menor, porque os trabalhadores respondiam aos aumentos das taxas de remuneração não com o incremento da produtividade diária, mas sim com a sua diminuição. O homem que, por exemplo, à razão de um marco por jeira na ceifa de trigo estivesse acostumado até ali a ceifar duas jeiras e meia por dia ganhando assim 2,50 marcos por dia, depois que a remuneração por jeira foi aumentada em 25 Pfennige, ele passou a ceifar não as três jeiras como seria de esperar a fim de aproveitar a oportunidade de um ganho maior; em vez de ganhar 3,75 marcos – o que seria perfeitamente possível –, o que ele fez foi passar a ceifar menos, só duas jeiras por dia, já que assim ganhava diariamente os mesmos 2,50 marcos de antes e, como lá diz a Bíblia, "com isso se contentava." Ganhar mais o atraía menos que

o fato de trabalhar menos; ele não se perguntava: quanto posso ganhar por dia se render o máximo no trabalho? e sim: quanto devo trabalhar para ganhar a mesma quantia – 2,50 marcos – que recebia até agora e que cobre as minhas necessidades tradicionais?"

Uso apenas um recorte da obra de Weber, que é demasiado complexa e aborda muitas questões de trabalho, como pano de fundo para gerar uma reflexão. Weber nos dá uma aula, inclusive de críticas ao capitalismo (que não é perfeito, embora seja incontestavelmente o único modelo que gera riqueza). Bem diferente do que o outro "pai da sociologia" (assim considerado pela academia), Karl Marx (1818-1883), fez. Além do horripilante manual genocida *O Manifesto Comunista*(1848), o prussiano escreveu os três prolixos volumes de *O Capital* (1867/1885/1894) – uma obra densa e escrita de trás para frente. Isso mesmo: Marx já partiu de uma conclusão e apenas "encheu linguiça" para comprovar o improvável. Críticas ao Pai da Economia Moderna, Adam Smith (1723-1790), Mais-Valia, blá blá blá, etc.

Observemos, todavia, que Weber destaca com propriedade no trecho acima que as condições climáticas influenciam em "oportunidades de lucros ou de prejuízos extraordinariamente altos". Weber, portanto, traz à luz uma regra elementar do capitalismo: o futuro incerto do empregador e sua diária iminência de ir à bancarrota.

Imaginemos esse processo durante a pandemia. O empregador, via de regra no Brasil, já vive estrangulado pelo Estado. A força motriz que impulsiona a manutenção de empresas e, por conseguinte, menos demissões, é refém de um Estado controlador e burocrático. As engrenagens do livre mercado são interligadas, fundamentadas no eixo-mestre de uma relação de troca mútua. Para que a roda dessa economia possa girar, como bem diz o liberal Marcel van Hattem, os entraves do Estado precisam retroceder. Estamos andando com o freio de mão puxado em plena pandemia; mas onde entra a reflexão weberiana nesse processo? Aqui: 1) a pandemia refutou a tese esquerdista de que o "patrão" só lucra. Centenas de milhares de empresas no Brasil fecharam as portas; 2) tenho a impressão de que muitos na pandemia se acomodaram com "auxílio-isso", "auxílio-aquilo" e se parecem com os empregados do exemplo exposto por Weber, ou seja, trabalhar menos e ganhar o mesmo – ou até menos.

De forma alguma manifesto indiferença com a preocupação de muitos setores, sobretudo os mais expostos ao vírus, devido aos riscos de contaminação. Sim, isso influencia a retomada do trabalho normal, pois as pessoas estão com medo. Nesse caso, tomando o exemplo de Weber, o "patrão" é o país e o mau tempo da colheita é a pandemia. A vacina é o caminho! Que a iniciativa privada possa auxiliar na importação de vacinas, porque, sabemos, Estado não resolve problemas – ele é o problema.

Quanto ao trabalhador, ressalto: não é momento para "*lebensgenuss*". Com todas as medidas de segurança, é hora de trabalhar! O empregador, como bem cita Weber, assume seus riscos na colheita, e esse fator, aliás – como menciono acima –, escancara sua diferença de análise crítica ao capitalismo em detrimento de Marx. Cai por terra, portanto, conforme o pensamento weberiano, a máxima marxista de que o patrão só obtém lucro. No caso da pandemia, se a colheita for ruim, o empregado afunda com o empregador. Empresas estão falindo.

O coronavírus equivale a uma infestação de gafanhotos que devoram a lavoura citada por Weber, e a vacina no Brasil pode acabar com o gafanhoto destruidor e salvar empregos para que os trabalhadores assim possam ceifar uma boa colheita – e não ter suas próprias vidas ceifadas pelo coronavírus.

Que o bom senso prevaleça! Que os empregos possam ser mantidos ao máximo! Que a relação empregado versus empregador seja a melhor possível! E que a boa colheita seja o fruto do empenho dos trabalhadores, não suas vidas – como já citei acima –, ceifadas pela Covid-19.

“Não me iludi com o totalitarismo de esquerda
por um raciocínio muito simples:
Deus não é socialista, criou os homens
profundamente desiguais.”

Roberto Campos

10.

DO PANFLETARISMO DE MAIACOVSKI NA URSS À PROSTITUIÇÃO DO GÊNERO OPINATIVO NO BRASIL: UMA REFLEXÃO SOBRE A VERDADEIRA LIBERDADE

A História cultural da Rússia pode ser classificada como um caso à parte no mundo. De tamanho continental, num horizonte que toca Ocidente e Oriente, o país passou por um processo de "ocidentalização" em meados do século XVII, com o tsar Pedro, o Grande (1672--1725), que cravou estacas na fronteira com a Europa e, ali, decidira construir a conhecida São Petersburgo.

Em 1703, os russos estavam em guerra com os suecos e buscavam um lugar o mais próximo ao oeste para construir um forte. Pedro, então tsar russo, cavalgava à frente de doze cavaleiros num pântano próximo ao rio Neva, perto da costa do mar Báltico. A Rússia não tinha saída para o mar. Aquele, então seria o lugar: "aqui haverá uma cidade", disse o tsar. O lugar pantanoso não era ideal para construir-se uma cidade. Ao escavar, encontrava-se água a um metro de profundidade no chão, mas ali fora construída a fortaleza do tsar Pedro. A partir disso e das vitórias dos russos sobre os suecos entre 1709 e 1710, a cidade passou a ganhar força.

A construção do palácio Shetemetev foi um exemplo da tentativa de ocidentalização da Rússia por Pedro, começando por São Petersburgo. Leiamos, de acordo com a obra *Uma História Cultural da Rússia*, de Orlando Figes:

"A história do palácio é num microcosmo do plano de Pedro de estabelecer a cultura ocidental em solo russo. Ele foi construído num

terreno pantanoso concedido em 1712 pelo tsar a Boris Shetemetev. (...) O presente de Pedro foi um dentre vários a servidores ilustres. Eles receberam ordens de construir palácios em estilo europeu (...)".

Esse arcabouço arquitetônico o jovem tsar herdou de suas viagens pela Europa, que tiveram como objetivo trazer a Europa para dentro da Rússia – ou fazer da Rússia uma Europa. Andou pela Alemanha, Holanda e por Londres, onde visitou o observatório, o arsenal, a Royal Mint (casa da moeda britânica) e a Royal Society. Estudou artilharia e buscou o máximo de informações para transformar a "Rússia num Estado Europeu Moderno". E São Petersburgo era a nova capital construída sobre lodo e banhado. Mas o sonho do tsar de transformar São Petersburgo numa minieuropa tornou-se uma obsessão absoluta.

"Na nova capital, tudo pretendia forçar os russos a adotar um modo de vida mais europeu. Pedro disse aos seus nobres onde morar, como construir as suas casas, como se deslocar pela cidade, onde ficar na igreja, quantos criados manter, como comer em banquetes, como se vestir e cortar o cabelo, como se comportar na corte e como conversar na sociedade instruída. (...) Essa regulamentação obsessiva deu a São Petersburgo a imagem de lugar hostil e opressor" (FIGES, 2018). Nas viagens, Pedro aprendeu sobre tecnologia para tornar a Rússia uma potência militar.

A cidade se desenvolveu e ficou conhecida no mundo por sua rica cultura, com nomes como Dostoiévski, do sombrio Raskolnikov de *Crime e Castigo*. Na época do tzar, no entanto, não havia Parlamento na Rússia de Petersburgo e Moscou. Os periódicos não passavam de panfletos do império. Assim sendo, a única saída para fazer-se crítica social no país – que maltratava seu povo – foi mediante a cultura, sobretudo pela literatura.

Com isso, no século XIX, surgem os círculos revolucionários, como o Petrashevski, que chegou a ser frequentado por Fiódor Dostoiévski, preso por isso pelo imperador Nicolau I. Depois sentam-se na cadeira os czares Alexandre II, que reinou de 1855 a 1881; Alexandre III, que governou de 1881 a 1894; até o "último Romanov", Nicolau II, que assumiu o controle do império russo do final do século XIX até a Revolução Russa de 1917, que veio calcada na promessa de "liberdade ao proletariado".

Os facínoras Lênin (este logo morreria após a revolução, em 1924), Trotski e Stalin trucidaram seus críticos, tidos como adversários mortais. Era quase impossível fazer crítica política e social e permanecer vivo. Para criticar o Partido Comunista, era necessário estar disposto a ser jogado nos *gulags*, arquétipos para os campos de extermínio nazistas, ou levar um tiro na nuca.

Isso de um lado. De outro, o meio artístico – os poetas, os romancistas, os dramaturgos e os pintores – tinha total liberdade para fazer propaganda do Partido Comunista. Jornalistas já não existiam. Eram escribas dos bolcheviques.

Entre a classe artística, encontrava-se o poeta – tão amado no Brasil – Vladímir Vladímirovith Maiacovski (1893-1930), que, na verdade, de poeta nada tinha: era um panfletário bolchevique "puxa-saco" de quinta categoria com olhos vendados para os massacres promovidos pelos comunistas, os mesmos que prometiam liberdade e criticavam o tsar opressor.

No Museu da Revolução, há um acervo com mais de três mil cartazes pintados por Maiacovski, além de mil escritos poéticos, todos para a batalha bolchevique. Os cartazes eram impressos em vagões militares, levando ao pé as legendas, para serem logo afixados nos pontos em que sua necessidade mais se fizesse sentir. Leiamos um poema de Maiacovski, datado de 1918, período transitório pós-revolução:

"Camaradas, às barricadas!
Eu digo:
Barricadas da alma e do coração!
Eu digo:
Só é comunista verdadeiro
aquele que queima as pontes de retirada"
(Ordem nº 1)

"Eu – genial ou não –
o que abandonou as frivolidades
para trabalhar na Rosta"
(Ordem nº 2)

Ainda em 1918, escreve o poema *À esquerda*:

"Em frente, marche! Basta de falar!
Hoje tem a palavra o Camarada Mauser!
(...) À esquerda, à esquerda, à esquerda!
Em frente, à conquista dos Oceanos!
Tendes canhões em vossos navios de aço. Já esquecestes como os fazer [falar?
Que a coroa abra uma goela quadrangular, que o leão britânico ruja, [que importa?
A comuna está em marcha e manterá a vitória!
À esquerda, à esquerda, à esquerda!
(...) Nossos estandartes aos milhares avermelham o céu.
Só a rota dos traidores é que conduz à direita.
À esquerda, à esquerda, à esquerda!"

Outro de seus clássicos, talvez o mais relevante, foi o poema dedicado a Lênin, *Vladímir Ílitch Lênin*, que se tornou um livro. Poupá-los-ei, no entanto, do longo e repugnante conteúdo do "poema".

*

Maiacovski liderou frentes para organização da classe artística da já então URSS, em prol da Revolução Bolchevique e, em seguida, para o Partido Comunista. Durante a NEP, a Nova Política Econômica iniciada por Lênin em 1921 e findada por Stalin em 1928, de acordo com a narrativa comunista, houve um "*irrompimento da jovem literatura soviética, no qual o 'debate crítico', artístico e literário atingiu uma amplitude e um auge nunca antes vistos em nenhuma parte do mundo*" (GUERRA, 1983).

Não havia "debate crítico", no entanto. A parte comunista da classe artística estava organizada para fazer panfletarismo aos bolcheviques, ao leninismo e a Stalin.

Em fevereiro de 1930, cita Guerra, Maiacovski ataca os construtivistas numa conferência na Associação de Escritores Proletários em Moscou: "*Eles esqueceram que, ao lado da revolução, existe uma classe que conduz essa revolução. Eles se servem de uma esfera de imagens já utilizadas, repetem o erro dos futuristas: a admiração pura e simples da técnica, eles a retomam no domínio da poesia. Isso não é admissível na poesia proletária (...)*".

Maiacovski trabalhava com afinco pelo Estado, pelo comunismo, pela nova Rússia, composta pela então URSS. "Assim aparelhado, desdobrava-se em atividades (...) sem desdenhar de servir à propaganda do Estado". Em trecho de carta a Lila Brik em 29 de dezembro de 1926, o "poeta" relata parte de seu dia: "*Às dez e meia li versos no quartel de um destacamento de cavalaria do Exército Vermelho. A uma e meia regressei a Rostov e recitei na Associação de Escritores Proletários. Terminei às quatro e cinquenta minutos, e às cinco e trinta recitei no Clube da fábrica de Lênin...*". Assim era a rotina do poeta: disseminar o comunismo em todos os cantos e, sobretudo, condicionar a classe artística a serviço de Stalin. Lembremos do último verso do poema lido por Maiacovski em 1930 à Associação de Escritores Proletários em Moscou: "*Isso não é admissível na poesia proletária*".

Porém, o fim da URSS, qualquer pessoa que conhece o mínimo de história conhece. Talvez o acidente da Chernobyl de Gorbatchov (1931-), oitavo e último líder da União Soviética, sendo Secretário-Geral do Partido Comunista do país de 1985 a 1991, tenha sido o estopim para escancarar ao mundo o atraso e a irresponsabilidade comunista. Em 26 de abril de 1986, o reator 4 da usina nuclear de Chernobyl explodiu e lançou material radioativo na atmosfera, principalmente onde hoje está localizada a Ucrânia – aquela que teve de 9 a 11 milhões de mortos por Stalin. Contudo, o mesmo material radioativo se expandiu por vários lugares, como a própria Rússia, Suécia e chegando até ao Canadá. Com isso, em 9 de novembro de 1989, a queda do Muro de Berlim foi o marco mundial da derrocada e da vergonha do socialismo idealizado por Lênin e Trotski perante o mundo. O jornalista e escritor Diego Casagrande define bem sobre a questão: "*Ninguém derrubou a URSS. Ela caiu de podre porque o socialismo é podre. É ruim*".

A parte final do texto foi apenas uma breve "escapada" para contextualizar o que se tornou o fim do lixo defendido pelo "poeta" Maiacovski. Suas "poesias" revolucionárias inflamaram milhões de idiotas úteis revolucionários, muitos deles incautos cegos pela propaganda comunista, que contribuíram para massacres e genocídios.

Voltemos agora, entretanto, ao campo cultural. Entra em cena o Brasil. Tirem as crianças da sala e apertem os cintos!

O panfletarismo no Brasil

A história do comunismo no Brasil é indissociável de Luiz Carlos Prestes. Sobre isso escrevi em meu livro *A filosofia do fracasso: ensaios revolucionários* (2020). Mas vamos aqui atentar para o gênero opinativo no jornalismo, que teve no Brasil Luiz Beltrão e José Marques de Melo seus grandes pioneiros nos estudos e no delineamento dos gêneros. O gênero opinativo é dividido por outros subgêneros, entre eles o artigo, a coluna e o editorial. Porém, com as redes sociais, surgem os canais no YouTube, Telegram e páginas no Facebook em que se pode emitir opinião. Ou seja, todos podem emitir opinião. Ela é livre. Entretanto, minha crítica é destinada àqueles que não atentam para a diferença entre elogiar governos, algo natural e que eu mesmo faço, e ser um panfletário na mídia, como foi Maiacovski. Pode-se fazer panfletarismo, contudo; mas fazer isso com disfarce de articulista formador de opinião é maiacovskismo. De Bolsonaro a Lula, há maiacovistas por todos os lados carregando bandeiras em vez de oferecer conteúdo crítico para reflexão à sociedade.

Numa democracia, qualquer panfletário tem o direito de opinar. Faz parte do jogo político; mas – alerto! – tenha cuidado com formadores de opinião. Filtre bem quem você segue, lê, ouve ou assiste. Não caia no conto de que o bom opinador é aquele que diz ou escreve o que você quer ouvir ou ler. Não entre na bolha maiacovskiana de propaganda de políticos. Assim como a propaganda de Maiacovski cegou milhões de soviéticos, muitos formadores de opinião no Brasil fazem piadas com uma pandemia que já ceifou 400 mil vidas e caminha, a passos largos, para meio milhão de mortes – e sem perspectiva para um fim.

O Brasil é diferente da Rússia pré-moderna de Pedro, o Grande, e, outrossim, da URSS stalinista do século XX – ou seja, vivemos em uma democracia. Temos um "Parlamento" representativo que pode criticar o Executivo, exceção feita à Suprema Corte, que não é afeiçoada ao contraditório. Como bem alertou Rui Barbosa, o Judiciário é o pior dos Poderes quando estabelece uma tirania, sendo que deveria ser o contrário, segundo Edmund Burke (1729-1797), que em *Reflexões sobre a Revolução na França* discorreu: "*A justiça, por si só, é o maior fundamento político da sociedade civil (...)*". O filósofo inglês John Locke (1632-1704), conhecido como o pai do liberalismo e peça-chave no desenvolvimento teórico do contrato social nos tempos da Revolução Gloriosa, também disse: "*Onde não há lei, não há liberdade*".

Churchill (1874-1965), por sua vez, teria dito que a "*democracia é a pior forma de governo, com exceção de todas as demais*". Escrevi sobre isso dia desses; mas os três Poderes, apesar dos problemas, são instituições de nossa democracia que devem ser respeitadas sob garantia de nosso Estado de Direito. Ressalto que, neste ponto do texto, não questiono a democracia. Apenas levanto como reflexão o fato de que a expressão "democracia" tem sido usurpada, às vezes estuprada (sem eufemismos, por favor), por muitos falsos democratas, filhotes de tiranos, que escondem-se sob o teto dessa palavra. A Venezuela, por exemplo, considera-se uma nação democrática. Nicolás Maduro é herói democrático para os revolucionários brasileiros do PT, do

PSOL e do PCdoB. Aliás, sobre democracia, Burke também discorre: *"A afirmação de que a democracia pura representa a única forma de governo tolerável constitui uma verdade tão universalmente reconhecida a ponto de não se permitir a um homem duvidar de seus méritos, sem que lhe advenha a suspeita de ser um amigo da tirania, ou seja, um inimigo do gênero humano?".* Frase escrita em outro período. Não cairemos aqui em anacronismo; mas a frase, apesar de oriunda do século XVIII, tem aplicações à atualidade.

Edmund Burke, e o cito novamente, aperta a pena e solta a tinta em sua carta contra a Revolução da França: "O que é a liberdade sem a sabedoria e a virtude? É o maior de todos os males possíveis. Pois é apenas estupidez. Vício e loucura sem proteção ou freio. Os que sabem o que é a liberdade virtuosa não podem suportar vê-la desonrada por mentes incapazes em virtude das palavras altissonantes que lhes saem da boca". "Mas, Ianker", pode pensar o leitor, "isso é um "'contrassenso'", pois nesse caso Burke defende a monarquia. Não! O âmago de sua carta é uma CRÍTICA à Revolução, não uma defesa à monarquia. Burke justamente faz uma critica ao novo poder autocrático que se desenhava a instaurar-se na França. O filósofo britânico defendia que a sociedade passasse por mudanças, sim, porém de forma progressiva, jamais revolucionária. O irlandês, com seu elogiável instinto político, soube bem discernir entre o que estava ocorrendo e o que estava por ocorrer na França, de um lado, e o que foi a Revolução Gloriosa de 1688 – e esse foi um grande alerta que Burke fez aos franceses. Ou seja, em outras palavras, Burke avisou que uma tirania, disfarçada sob um discurso de uma falsa liberdade e contra Luís XVI, assumiria o poder de forma autocrática e a guilhotina cortaria o pescoço de muita gente. Em outro trecho da carta, Burke profere: *"(...) sempre considerarei como muito equívoca em seu aspecto a liberdade que não tem como auxiliares a sabedoria e a justiça e não leva em seu séquito a abundância e a prosperidade."* Aqui percebemos outro ensinamento: devemos usar nossa liberdade com sabedoria, com ceticismo, como uma sociedade crítica e não identificada, como reféns da Síndrome de Estocolmo, com nada que se afaste da justiça e da prosperidade.

O Brasil atual da pandemia, assim como a Rússia, também tem imensas terras e, como a pré-São Petersburgo do tsar Pedro, o Grande, está atolado num charco de lodo – porém moral. Maiacovski, um panfletário disfarçado de poeta que não passou de um picareta de rodoviária, é adorado pela classe artística e pela academia brasileira. Assim como ele, todavia, os ex-jornalistas panfletários da nova direita que atua na internet também têm seus adoradores. Likes e mais mais likes! Às vezes, outros interesses...

Tempos modernos em um Brasil com odor fétido de um país ainda amarrado culturalmente em raízes marxistas mofadas, que, por outro lado, se afunda num lodo podre que surge de uma nova direita que deveria seguir o exemplo do que ensina a escola da filosofia conservadora-liberal: o ceticismo! Desconfiar sempre! É assim que uma sociedade pode mudar nossa classe política.

Findo com um recado do grande George Orwell aos jornalistas panfletários do Mito da Caverna: "*jornalismo é publicar aquilo que alguém não quer que se publique. Todo o resto é publicidade.*" Ou seja, todo o resto é "lambeção de botas" de cretinos, como fez o adorador de fascínoras Maiacovski.

"O sistema de propriedade privada
é a garantia de liberdade mais importante,
não apenas para aqueles que possuem propriedades,
mas para aqueles que não a possuem."

Friedrich A. Hayek

11.

"FELIZ ANIVERSÁRIO", KARL MARX!

Hoje Karl Marx completaria 203 anos. O pai do Socialismo Científico nasceu em 5 de maio de 1818, em Tréveris, Alemanha. Faleceu em 14 de março de 1883 e está sepultado no cemitério de Highgate, no norte de Londres, na Inglaterra. Marx, entre suas loucuras absurdas revolucionárias, viveu por tentar refutar Adam Smith (1723-1790), Pai da Economia Moderna e um dos maiores expoentes do liberalismo clássico até hoje – a quem nitidamente demonstra inveja em seus escritos. Porém, levou trevas ao mundo mediante uma obra confusa, obscura e controversa – além de potencialmente genocida.

Junto de – e sustentado por – Friedrich Engels (1820-1895), Marx escreve na metade do século XIX *O Manifesto do Partido Comunista*, um manual revolucionário que fomenta a luta de classes, defende o fim da propriedade privada e, de forma explícita, convoca a classe do proletariado a exterminar os burgueses – as famílias empregadoras e geradoras de renda. Em seguida, dedica-se aos três densos volumes de *O Capital*, em que o autointitulado filósofo e economista faz críticas à Mais-Valia (segundo ele, o excedente de produção não remunerado pelo patrão – seu lucro, portanto), o capital variável e a remuneração da classe operária. Na obra, o alemão "analisa" aspectos do modo de produção capitalista, vista por ele como "exploração" do patrão ao operário, e critica a economia política e a classe burguesa em geral, assim como tece duras críticas e ironias a Adam Smith. Defende o coletivismo e o controle do Estado sobre os meios de produção e indivíduos.

Poucos revolucionários de esquerda atualmente leram *O Capital*, livro técnico, prolixo e, como já escrevi aqui, escrito de trás para frente. Diferentemente de Max Weber, que faz uma análise crítica do capitalismo de forma empírica, analisando pontos positivos e negativos, Marx entulha *O Capital* de "achismos", o que coloca a credibilidade científica de seu trabalho em descrédito. Isso foi reconhecido e sustentado por amigos próximos a Engels, inclusive, que afirmaram que *O Capital* precisava de revisão.

O maior problema é que o "socialismo científico" de Marx fora a força-motriz que faltava para impulsionar os socialistas. Lênin e Trotski foram pioneiros em colocar a revolução marxista em prática. O resultado, sabemos: da URSS ao mundo, o comunismo ceifou mais de 100 milhões de vidas.

Ainda hoje, porém, Karl Marx é idolatrado na academia brasileira. Em disciplinas como sociologia, filosofia e antropologia, haja vista que o antropólogo francês Claude Lévi-Strauss (o deus da antropologia), considerado como fundador da antropologia estruturalista, tinha Marx correndo em suas artérias.

Marx ganhou parte do mundo. Um mundo que ele ajudou a destruir com uma filosofia que gerou miséria e barbáries ao longo dos últimos 100 anos. Um dos pais da Escola Austríaca de Economia, Ludwig von Mises, refutou Marx de forma magistral. É muito simples perceber as aberrações e discrepâncias da obra de Marx, porém Mises desenha isso de modo tão claro que o mais simples indivíduo consegue compreender. Ele afirma: "O sistema econômico marxista, tão elogiado por hostes de pretensos intelectuais, não passa de um emaranhado confuso de afirmações arbitrárias e conflitantes". Quando li a obra de Marx lá no início da faculdade de jornalismo (o fiz por conta própria), tive a impressão exata do que constata Mises.

Aliás, preciso aqui fazer justiça; meu professor de Sociologia Geral fundamentou a disciplina no tripé da sociologia: Karl Marx, Émile Durkheim e Max Weber. Apresentou os pensadores de forma técnica.

Não fez nenhuma apologia a algum deles e, no final, na avaliação escrita – referindo-se especialmente a Marx, disse: "a dissertação sobre os autores pode ser crítica". Palmas para esse professor! Foi com ele que aprendi, inclusive, coisas boas sobre o "semi-liberal" (como diria Merquior) Max Weber e seus "tipos ideais".

O economista austríaco, Friedrich A. Hayek (1899-1992), agraciado com o Nobel de Economia em 1974, refuta Marx com uso de John Locke (1632-1704), em trecho de seu livro *Os Erros fatais do socialismo* – porque a teoria não funciona na prática: "'O individualismo possessivo' de John Locke, por exemplo, não era apenas uma teoria política, mas o produto da análise das condições às quais a Inglaterra e a Holanda deviam sua prosperidade. Baseava-se na percepção de que a justiça que a autoridade política deve fazer cumprir, se quiser assegurar a cooperação pacífica entre os indivíduos sobre a qual repousa a prosperidade, não pode existir sem o reconhecimento da propriedade privada: 'Onde não há propriedade (privada) não há justiça' é uma proposição tão exata quanto qualquer demonstrada de Euclides (...)". Em seguida, Hayek cita o filósofo escocês Adam Ferguson (1723-1816): "Deve ficar bastante evidente que a propriedade é uma questão de progresso".

Sobre o Estado, que para Marx deveria ser detentor dos meios de produção e da propriedade privada, o economista e jornalista francês, Frédéric Bastiat (1801-1850) profere: "O Estado é essa grande ficção pela qual todos tentam viver à custa de todos os demais". E aqui não faltam exemplos práticos: basta compararmos a diferença de desenvolvimento entre a comunista e fechada Coreia do Norte e a capitalista Coreia do Sul.

O coletivismo, outro ponto defendido por Marx, foi refutado por dezenas de intelectuais e pela história. Aqui, para não ser prolixo, no entanto, vou me abster à questão da liberdade individual no sentido social, sem entrar na discussão sobre força de trabalho coletiva, que, sabemos, foi um desastre nos países socialistas. De forma brilhante, Hayek discorre a respeito da liberdade individual e da (não) coerção: "(...) A questão, pois, é como garantir a maior liberdade possível a todos. Isso pode ser feito restringindo uniformemente a liberdade de todos através de regras abstratas que evitem a coerção arbitrária ou discriminatória de, ou por outras pessoas e impedem cada um de invadir a esfera de liberdade de qualquer outro. Em suma, fins concretos comuns são substituídos por regras abstratas comuns. O governo é necessário apenas para fazer valer essas regras abstratas e, por meio delas, proteger o indivíduo contra a coerção, ou a invasão da sua esfera de liberdade, por outros".

O economista e político brasileiro, expoente do liberalismo em nossas terras, Roberto Campos (1917-2001) ironiza a ideia socialista de igualdade: "não me iludi com o totalitarismo de esquerda por um raciocínio muito simples: Deus não é socialista. Criou os homens profundamente desiguais".

Para findar o "parabéns coletivo" de pensadores que dedico a Marx em seu aniversário póstumo, não poderia deixar de citar duas célebres constatações de dois britânicos incríveis: "O socialismo dura até acabar o dinheiro dos outros" proferiu a ex-primeira-ministra do Reino Unido, Margaret Thatcher (1925-2013). Um fato irrefutável. O estadista Winston Churchill, intelectual extraordinário, dono de uma percepção de erros políticos, geopolíticos e ideológicos, fechou a tampa do caixão das teses de Marx com a famosa sentença: "*O socialismo é a filosofia do fracasso, a crença na ignorância, a pregação da inveja. Seu defeito, inerente, é a distribuição igualitária da miséria*".

Em pleno século XXI, infelizmente ainda existem países regidos pela ideologia comunista de Karl Marx. Todos têm algo em comum: são sinônimos de atraso e miséria. No próximo texto, falaremos sobre os resultados dessa ideologia nos países ao longo da história.

No texto subsequente – pensaram que eu esqueceria? –, farei uma abordagem mais aprofundada de como Mises, de fato, refutou Marx, comprovando a inviabilidade do cálculo econômico sob o socialismo científico de Marx, o que inviabiliza uma racional alocação de recursos e provoca escassez generalizada nos países. Além de Mises, outros intelectuais refutaram as ideias marxistas. As discrepâncias vão desde teses errôneas como o uso de dados falsos por Marx, como declarou o jornalista e historiador britânico Paul Johnson (1928-): "A totalidade do capítulo VIII do livro O Capital é uma falsificação deliberada e sistemática para provar uma tese que um exame objetivo dos fatos mostrou ser insustentável".

Feliz aniversário, Marx!

"(...) sempre considerei como muito equívoca
em seu aspecto a liberdade que não tem
como auxiliares a sabedoria e a justiça e não leva
em seu séquito a abundância e a prosperidade."

EDMUND BURKE

12.

DE KULESHOV E ORATÓRIAS DE LÊNIN E TROTSKI AOS DISCURSOS NOS CHÃOS DE FÁBRICA DO ABC: COMO O LULOPETISMO "PASSOU A PERNA" NO BRASIL

Em seu discurso ao receber de Fernando Henrique Cardoso a faixa de presidente em 2003, caiu uma lágrima dos olhos de Lula quando disse que aquele era seu primeiro diploma. A lágrima foi arquitetada de forma milimétrica. É assim que Lula age: como uma máquina de manipulação política. Dois anos depois, lembremos, o mensalão estava desmascarado e estampado nas capas dos jornais do país.

Um dos grandes erros da elite brasileira foi classificar Lula como um "inculto", "iletrado", etc. Dos chãos de fábrica em que fez seus primeiros discursos no ABC Paulista até o Nordeste e Norte, onde é adorado, Lula ganhou corpo e se tornou um mestre da retórica. Uma espécie de Trotski sem grife, um Lênin com cabelos. Enquanto nossa elite se preocupava com Copa do Mundo, novela e entretenimentos, a esquerda durante a pós-democratização se organizava em sindicatos, aparelhava as universidades, igrejas e as instituições mais importantes do país, que até hoje são maciçamente comandadas por petistas.

Lula é o oposto do impulsivo Bolsonaro. Cada vírgula de sua retórica é pensada, medida e colocada da forma mais persuasiva possível. Depois, no poder, vieram as famosas "propagandas do PT" na televisão. Era de chorar de emoção! Crianças com sorrisos estampados, pais de família felizes, pobre andando de avião... Como eu queria viver dentro da propaganda do PT, maquiada e utilizada na campanha presidencial de Dilma em 2014. Ah... que Brasil lindo aquele!

Essa arte de manipulação das massas por imagem, no entanto, tem origem em Lênin, no início do século XX, que disse: "*Para nós, a arte mais importante de todas é o cinema*". O líder bolchevique fez tal afirmativa devido à capacidade de propaganda de que o cinema dispunha. Isso porque até 1920, na Rússia, apenas 40% dos adultos eram letrados. Assim sendo, o cinema se constituía em arma essencial para fomentar o alcance do Partido Comunista. Na época, lembra o historiador Orlando Figes em *Uma História Cultural da Rússia* (2018), cinemas foram instalados em igrejas e nas aldeias.

"Arte é um jogo. O cinema é a vida", disse um crítico soviético. Quem não se sente impactado pela famosa e clássica cena da mãe que segura seu filho na escadaria diante dos soldados em *O encouraçado Potemkim* (1925), de um dos pais do cinema Russo, Serguei Eisenstein (1898-1948), formado na oficina de Kuleshov?

O cinema tinha um poder incrível de manipulação das massas. Imaginem um cenário pós-Revolução de 1917 em que a URSS se encontra em profunda crise econômica, com os operários e camponeses com fome... Chegou-se ao ponto de Lênin criar a NEP, que nada mais foi que uma "abertura de mercado" para injetar dinheiro na União Soviética. Evidentemente, questionamentos surgiram colocando em cheque a revolução proletária – que de proletária não teve nada! O caminho, assim, foi usar o cinema como ferramenta de manipulação das massas. Aí entra a cena da escadaria, mencionada acima com o fim de trazer à memória do povo russo a tirania do Czar Nicolau II (1868-1918).

Quase um século se passou, mas o PT de Lula usou as mesmas técnicas para manter o partido no poder por 15 anos no Brasil. Com toda a tecnologia em mãos e bons marqueteiros aliados a um orador nato (Lula), as propagandas petistas enganaram milhões de brasileiros, sobretudo os mais simples.

As eleições de 2022 estão aí e engana-se quem pensa que Bolsonaro é favorito. Lula é um avião! Como escrevi acima, muito mais articulado que seu principal rival para o cenário eleitoral que se desenha.

Para ajudar, Moro foi linchado em praça pública por Bolsonaro. O mesmo Sergio Moro que colocou Lula e dezenas de correligionários e empreiteiros na cadeia. Logo, e como já definiu o Supremo Tribunal Federal, Lula é "inocente".

Moro foi tratado como cão. Agora, Lula está solto, elegível e a propaganda do PT vem aí. O estrago foi feito. Pobre Brasil. Se a "arte é um jogo e o cinema é a vida", não sei, mas o circo está montado. E quem serão os palhaços? Os protagonistas ou os espectadores?

Sobre o filme a que vamos assistir em 2022, que fiquemos atentos ao efeito Kuleshov!

Querem passar, de novo, a perna no Brasil.

13.

A HORA DO PESADELO: O LULOPETISMO QUER VOLTAR

Nasci em 1984, ano de batismo do clássico literário distópico do inglês-indiano George Orwell (1903-1950). A obra, em suma, faz uma crítica ao totalitarismo do Estado e seu cerceamento ao indivíduo. Curiosamente – ou não –, 1984 foi o último ano do regime militar no Brasil. Em 1985, deu-se início ao tão "sonhado" processo de redemocratização no país.

Falando em sonhos, os anos oitenta foram marcados pelos filmes do gênero horror, dentre os quais A Hora do Pesadelo (no original Nightmare), do vilão Freddy Kruegger, que aterrorizava os sonhos de adolescentes em Elm Street. A série rivalizou com a sinistra franquia de Sexta-feira 13, do mascarado Jason Vorhees. Já no final da década, aos cinco anos, passei a assistir aos filmes. Naturalmente, os pesadelos eram inevitáveis. Entretanto, caro leitor, este artigo não pretende tecer crítica de cinema de horror, mas sim à realidade, sobretudo à política do Brasil. Todavia, como diria o "filósofo" Jack o Estripador, "vamos por partes" (aviso de ironia).

O fato é que a tão sonhada (e aviso que vamos repetir o termo "sonho" no texto) redemocratização chegou em 1985 com José Sarney (1930-) como 31° presidente do Brasil até 1990, quando assumiu o Planalto Fernando Collor de Mello (1949-). Se, com Sarney no comando, já começamos mal – visto que em 1988 aprovamos uma Constituição manca arquitetada para o sistema parlamentarista de governo que, por interesses, tornou-se refém de um sistema presidencialista –, ato contínuo, Collor assume logo após e leva o país à bancarrota. A História vocês conhecem, não vou recontar para que o texto não se torne enfadonho. Com o impeachment do alagoano consolidado em 1992, Itamar Franco (1930-2011) governa até 1994, quando sobe a rampa do Planalto Sir Fernando Henrique Cardoso. Com o Plano Real criado e consolidado, havendo por conseguinte um controle no "pesadelo" da inflação, o Brasil volta aos trilhos. Mesmo keynesiano, FHC é abusado e promove uma série de privatizações. Entre elas, a da Vale do Rio Doce. A ex-estatal hoje constituiu-se em uma das principais empresas privadas no Brasil, com valor de mercado estimado em mais de 50 bilhões de dólares. Além de gerar cerca de sessenta mil empregos, a empresa entrega à União, três bilhões de dólares em impostos todos os anos. O presidente tucano também foi importante para puxar o freio de mão no sistema previdenciário, que quebraria o país em poucos anos. FHC não foi uma Margaret Thatcher (1905-2013), sabemos. Mas, dentro do que se propunha a realizar, o fez com sucesso. O Brasil ficou acordado de Itamar até 2003, portanto, quando dormiu novamente.

Um, dois: o PT quer voltar; três, quatro: o Brasil ele quer de novo quebrar...

O pesadelo chegou com o lulopetismo, que tornou o país uma Elm Street. Logo em 2005, fomos retalhados com a roubalheira do mensalão, os sindicatos se "empoderaram", o marxismo nas universidades progrediu e as instituições embarcaram no horror promovido pelo lulopetismo. Em 2007, mesmo com o mensalão, o falso crescimento do país, uma bolha econômica inchada, na verdade, e a propaganda do PT, de que já falei aqui em texto anterior, reelegeram Lula. Os brasileiros seguiram em sono profundo, sem saber que o sonho era um pesadelo. Há quem diga que a estrada para o petismo no Brasil foi pavimentada por FHC...

O Brasil seguiu em sono profundo, sonhando com a propaganda do PT que mostrava que o pobre passara a "andar de avião" e a comprar televisor de plasma (e plasma me faz lembrar o "ectoplasma" de Os Caça-Fantasmas (1984) – de novo a data 1984?). Era um novo Brasil, afinal. Não obstante, Dilma (Ha)Vana Rousseff é eleita a primeira presidente do Brasil. As obras da Copa chegam. Caminhões de dinheiro são investidos em estádios, hoje convertidos em grandes elefantes brancos. Dinheiro jogado na lata do lixo.

Em 2013, grande parte dos brasileiros reage e percebe que vive um pesadelo, e o pior: é refém dele. Não há saída. Aliás, a saída foi ir às ruas. Dilma é reeleita em 2014, mesmo com o escândalo do petrolão, que desviou bilhões dos cofres públicos, e com a maior recessão econômica de nossa história. Surge um herói, Sérgio Moro, que desmantela o maior esquema de corrupção sistêmica da história do Brasil, e vão para a gaiola um bando de corruptos de colarinho branco. Um dos últimos a ir foi o chefe. O barba. O Brasil, sangrando, acorda do pesadelo, mas se depara com o estrago. Surge uma nova direita. Aliás, surge uma direita. Muitos deixam o petismo; mas parte considerável – até hoje – demonstra que amou o pesadelo de Elm Street.

Um, dois: o PT quer voltar; três, quatro: o Brasil ele quer de novo quebrar...

Durante esse processo, na Tribuna da Câmara dos Deputados, destaca-se o então deputado federal Jair Bolsonaro. O parlamentar faz, naquele momento, uma leitura do anseio da população que sangra por 15 anos de petismo e os representa. Surge como alternativa a Fernando Haddad (PT). Bolsonaro é eleito em 2018. De lá para cá, deixo com você, caro leitor.

Durante 15 anos, o Brasil viveu um pesadelo que teve como vilão-protagonista o lulopetismo. Agora, com a suspeição de Moro – em nada lamentada por Jair Bolsonaro –, Lula está elegível. A propaganda do PT vai entrar em cena em 2022 e convidará os brasileiros a voltar a "sonhar".

Não quero fazer apologia ao "Mito" da Caverna, malgrado seu atual tragicômico governo; mas já ouço uma menina – e na história do comunismo usam-se crianças em suas propagandas – cantando: " Um, dois: o PT quer voltar; três, quatro: o Brasil ele quer de novo quebrar ".

Seja direita ou esquerda, não flerto com totalitarismo. O personagem Winston Smith, do já citado acima 1984 de Orwell, com sua úlcera varicosa, é um exemplo do que o Estado pode fazer com um cidadão.

Pois bem, caro leitor, pergunto: gostou da analogia com Freddy Krueger? Minha escrita tem, guardadas as infinitas proporções, influência de um de meus autores favoritos, o britânico Clive Staples Lewis. É conhecido como C.S Lewis e sobretudo pelas Crônicas de Nárnia, mas, em seus tantos ensaios, Lewis usa muitas analogias, assim como o próprio G.K. Chesterton, que em seus escritos faz uso até demasiado desse recurso, visto que analogias podem servir como ferramentas de reflexão, e levam – ou podem levar – o leitor a uma maior capacidade de compreensão, além de ampliar horizontes. O vilão Freddy dos anos 1980 foi interpretado pelo ator americano Robert Barton Englund (1949). Tratou-se apenas de um filme. Ficção. Já o lulopetismo, no entanto, é real. E ele vem aí, quer te pegar acordado e te carregar ao maior dos pesadelos, haja vista o rumo que tomávamos há seis anos com o PT nos tornando uma Venezuela.

Como falamos de sonho, pesadelo, pensei em buscar em A Interpretação dos Sonhos, do pai da psicanálise Sigmund Freud (1856-1939), alguma explicação para o pesadelo do lulopetismo – até para florear meu texto com a citação de mais um autor. Esquerdistas adoram fazer isso na academia, não é mesmo? Principalmente os antropólogos. Mas, de fato, tirei da estante e li sim, o clássico de Freud, pois aqui em casa tenho uma psicóloga. Contudo, não entendi quase nada do pensamento freudiano em relação aos sonhos. Aliás, prefiro Carl Jung (1875-1961) a Freud. De todo modo, nenhum deles explica o pesadelo do lulopetismo, tampouco a obsessão da militância que tentou pintar de vermelho nossa bandeira que tem como cor predominante o verde. Aliás, a camisa de Freddy é vermelha e verde. Seria um sinal? Não sei.

Um, dois: o PT quer voltar; três, quatro: o Brasil ele quer de novo quebrar...

14.

CONSELHOS DE ISÓCRATES A NICOLÉS, REI DO CHIPRE: O QUE NOSSOS GOVERNANTES PODEM APRENDER

Em 374 a.C, morreu Euágoras, rei de Salamina, de Chipre. Quem assumiu o trono da ilha europeia foi seu filho, Nicolés (data? – 310 a.C). No dicionário Oxford de Literatura Clássica, é importante esclarecer, ambos são denominados como "Euagoras" e "Nicoclés", respectivamente. O orador ateniense Isócrates (436 a.C – 338 a.C), amigo de Euágoras e que fora professor de Nicolés, enviou a este, por conta própria – devido à morte do pai –, sem formular nenhuma lisonja tradicionalmente dirigida a governantes, uma série de recomendações.

O pensador grego não se furtou de expressar como um rei deveria ser, atentando sobretudo para a sabedoria em atos, pensamentos e palavras. Idiossincrasias como nobreza e generosidade eram indispensáveis. Com a lealdade acima de tudo, o rei deveria ser "*culto, laborioso, pautado (...)*" e, estando ao máximo rodeado por homens inteligentes, eruditos e com capacidades, se afastar do vício e "*dar emprego e autoridade aos mais dignos*".

Um ponto importante que me chamou atenção: (o rei) "*Deve tirar a sua força da ordem e regularidade da sua administração e da prosperidade crescente dos particulares, não de impostos excessivos*". Um conselho interessante, não achas, caro leitor? Isócrates findou o trecho, provavelmente escrito em 376 a.C, recomendando a Nicolés que amasse seu povo e cuidasse bem dele sem, contudo, deixar de ser severo quando assim exigisse a justiça.

Abaixo, destaco mais alguns conselhos de Isócrates a Nicolés que podem talvez ter alguma valia a nossos políticos, conquanto saibamos que, do Planalto a nosso Congresso bicameral, estendendo-se a governos estaduais e municipais, raros são os políticos, e abro aqui o bom exemplo do liberal conservador Marcel van Hattem – a quem tanto admiro – com valores que despertam nos cidadãos motivos para acreditar que ainda é possível haver uma mudança político-social no país. Leiamos:

- *"Preceitos, primeiro objeto a que devem aspirar os reis (ou qualquer governante, lógico), que é como a fonte dos seus deveres."*
- *"Para alcançar esse objeto, o rei deve tornar-se superior aos outros, cultivando o seu espírito e convivendo com homens destacados pela sabedoria."*

No próximo conselho de Isócrates a Nicolés, observamos um chamado ao respeito à propriedade privada: – *"(...) As riquezas dos particulares devem ser protegidas (...)".*

No próximo conselho, Isócrates atenta para a importância das companhias dos homens que circulam pelo governo, para a própria composição dos governos feita pelo rei e para a escolha dos juízes: – *"Escolha dos amigos e dos homens que privam com os príncipes, escolha dos magistrados e ministros."*

Malgrado tantos problemas em nosso Senado Federal, a editora de nossa Casa Legislativa presenteia-nos com bons volumes que versam sobre política. Na edição de *Conselhos aos Governantes*, de onde tiro os escritos de Isócrates, também vemos Platão, Kautilya, Maquiavel, Erasmo de Roterdã, Miguel de Cervantes, Maurício de Nassau, Frederico da Prússia e Marquês de Pombal, entre outros, além de nosso imperador D. Pedro II (1825-1891), que, durante sua viagem aos Estados Unidos entre maio de 1871 e março de 1872, escreveu à então regente D. Isabel.

Quiçá nossos governantes leiam alguns desses conselhos, sobretudo os de Isócrates.

"Nós, conservadores, somos chatos.
Mas também estamos certos."

Roger Scruton

15.

SCRUTON, A ORDEM DO CONSERVADORISMO E AS FALÁCIAS REACIONÁRIAS E REVOLUCIONÁRIAS

A espontaneidade é ou deveria ser a força-motriz que rege a ordem da sociedade civil. Assim, em outras palavras, o gigante filósofo inglês Roger Scruton (1944-2020) usa o economista austríaco Friedrich Hayek (1899-1992) para balizar a ordem das relações sociais que seriam regidas por uma "mão invisível" – aproximadamente como Adam Smith define as relações de um mercado que se autorregula sob a égide de uma também "mão invisível". Hayek, portanto, que, como lemos, nasce em fins do século XIX, vivencia quase a totalidade do XX e, por pouco, não belisca ao século XXI, traz luz ao pensamento conservador de Scruton. É fascinante como, dentro desse processo de conservadorismo e liberalismo, os autores dialogam em suas ideias que, embora por vezes se oponham, ajustam-se mesmo assim debaixo da palma da mesma "mão invisível" citada acima.

Tais trocas voluntárias e livres entre os indivíduos constituem-se, portanto, em "regimento" da organização nas sociedades modernas. O conservadorismo, no ensejo de manter saudável esse processo de relações sociais entre indivíduos nessas sociedades modernas, serve como eixo-mestre para nortear as comunidades. O conservadorismo se porta como as raízes nervosas que direcionam e impulsionam a "mão invisível das relações".

Mas o que seria, de fato, o conservadorismo? De acordo com Scruton, *"da matéria-prima do afeto humano, construímos associações duradouras com regras, ocupações, cerimônias e hierarquias que atribuem às atividades um valor intrínseco. Escolas, igrejas, bibliotecas, coros, orquestras, bandas, grupos teatrais; clubes de críquete, times de futebol, (...) xadrez; sociedade histórica, instituto de mulheres, museu, clube caça e pesca (...)"* são maneiras de as pessoas reunirem-se com formalidade em tais associações. Cada indivíduo, sustenta Scruton, submete-se, como já citado acima, de forma voluntária às normas desses grupos formais, o que torna-se fonte de orgulho.

Desses grupos habitados e fomentados por cooperação social orgânica, que cresce "de baixo para cima por relações de amor, de respeito e de responsabilidade", é composto o conservadorismo. Aquele estilo Clint Eastwood, durão e mascador de tabaco não representa, necessariamente, o arquétipo de um conservador, que passa longe do reacionarismo.

Para Scruton, o conservadorismo é filho de um sentimento que o indivíduo maduro difunde: "*a consciência de que as coisas admiráveis são facilmente destruídas, mas não são facilmente criadas*". Paz, liberdade, lei, civilidade, espírito público, segurança da propriedade e da vida familiar são "bens coletivos" que dependem da cooperação alheia. Porém, a movimentação moderna para a destruição desses princípios é rápida, haja vista o que se verifica na Revolução da França, tão criticada pelo irlandês Edmund Burke, que jamais se opôs às mudanças graduais da sociedade moderna, conquanto não ocorressem de forma revolucionária, tampouco sanguinária e "guilhotinista" como ocorreu na França.

Ato contínuo, após a Revolução Russa, o Partido Comunista teve como primeira missão destruir as associações civis no Leste Europeu. Além das associações lacradas, as mesmas que citamos acima (igrejas, clubes, etc.), no comunismo soviético toda e qualquer forma de caridade privada foi proibida.

Na esquerda do século XX, o trabalho é árduo para destruir as instituições mais sagradas, como a família, a propriedade e a fé; mas, sabendo que o arcabouço para tais instituições é a moral, tentam destrui-la com o relativismo que impera na academia e na mídia.

Scruton responde: "*O homem que diz que a verdade não existe está pedindo para que você não acredite nele. Então, não acredite.*"

Amparados na cadeia de um aparelhamento gramscista e protegidos por paredes de uma retórica do politicamente correto, movimentos da *New Left*, como o feminismo, trabalham na contramão do conservadorismo, ou seja, da ordem natural da vida. Discorre Scruton: "*A tradição da Esquerda é julgar o sucesso humano pelo fracasso de alguns. Isso sempre lhe oferece uma vítima a ser resgatada. No século XIX, eram os proletários. Nos anos 60, a juventude. Depois as mulheres e os animais. Agora, o planeta.*"

O bom conservadorismo, no entanto, é a antítese de um reacionarismo cego, burro e manco. E mais: o conservador tem no ceticismo um de seus principais pilares. O conservador é vigilante e crítico também entre os seus. Um *lord* conservador atropela com classe qualquer falácia revolucionária socialista, assim como não fecha os olhos para o mundo exterior, restringindo-se à caverna, regida pelo Mito, que nada mais é do que um falso conservador.

Findo com uma célebre frase do filósofo britânico: "*Nós, conservadores, somos chatos. Mas também estamos certos*".

Que saudade do Scruton!

16.

MONTAIGNE, FLAUBERT E LEWIS: A VIDA INTELECTUAL E O VALOR DO LIVRE PENSAMENTO

Um dos grandes exemplos da arte do pensamento pode ser encontrado no francês Michel de Montaigne (1533-1592). Com a morte de seu pai em 1568, o então jurista e político torna-se herdeiro do Castelo e do título de Senhor de Montaigne, mas já dois anos mais tarde vende seu cargo e, no ano seguinte, enclausura-se em sua torre para escrever suas reflexões.

Aposentado, Montaigne restringe-se à vida em seu castelo, o "Castelo de Montaigne", e dedica, com um pequeno intervalo, o resto de sua vida à leitura e à produção de seus ensaios filosóficos. Montaigne possuía uma imensa biblioteca. Nela, o filósofo francês escreveu seus inúmeros trabalhos. Por conta disso, muitos o consideram como precursor do ensaio pessoal. Devido aos conflitos religiosos entre protestantes e católicos que se sucediam na época com a eclosão da Reforma de Lutero, Montaigne chegou a regressar a compromissos políticos e sociais, mas, nos últimos sete anos de sua vida, voltou à sua biblioteca e dedicou-se à reflexão e à produção de seus ensaios.

Outro francês, o romancista Gustave Flaubert (1821 –1880), autor do conhecidíssimo e polêmico livro Madame Bovary, é outro exemplo de vida intelectual. Nas Cartas Exemplares (pequena versão em português de sua correspondência), Flaubert escreve a seu interlocutor que em determinado momento de sua vida, ainda novo, decidiu romper com o mundo exterior e viver como um "urso branco", focado em seu trabalho literário. É claro que, com a morte de seu pai, Flaubert, assim como Montaigne, também herdou uma fortuna importante, o que garantiu seu sustento para dedicar-se exclusivamente à escrita e à vida intelectual. O resultado de tal reclusão e dedicação ao trabalho com afinco pode ser bem percebido em cada descrição do mencionado romance Madame Bovary. Para muitos, o clássico é considerado como um "romance perfeito".

Com uma vida social mais ativa, porém não com menos dedicação e horas de reclusão para seus estudos, o irlandês-inglês Clive Staples Lewis (1898-1963) foi o que considero um intelectual completo. Tanto na vida acadêmica, sendo professor nas universidades de Oxford e de Cambridge (após 1954), como em suas produções fora da academia, Lewis tornou-se um expoente do pensamento em seu tempo, não restrito à apologia de sua fé, mas abrangendo muitas áreas da filosofia, da crítica literária, da vida intelectual e literata e da valorização da capacidade de pensamento. Se a vasta obra literária composta por ficção e incontáveis ensaios nos revela a profundidade de Lewis, os relatos de suas discussões tanto no The Inklings, grupo informal de amigos eruditos de Lewis, entre os quais participava outro grande pensador, J. R. R. Tolkien, para discussões sobre literatura e demais temas filosóficos, como no Clube Socrático da Universidade de Oxford, nos mostram um mesmo Lewis que defendeu acima de tudo a importância do livre pensamento. Em O Dom da Amizade, o jornalista e escritor britânico, Colin Duriez, resgata relatos incríveis sobre os encontros dos The Inklings. Para saber um pouco sobre o Clube Socrático é preciso ler os ensaios de Lewis. A Editora Thomas Nelson faz um brilhante trabalho de tradução da obra de Lewis para o idioma português. Além disso, evidentemente as biografias de Lewis são fontes riquíssimas para quem tiver desejo de se aprofundar no universo do pai das Crônicas de Nárnia.

Uso os três pensadores, sem me aprofundar em suas vastas biografias (o que seria impossível neste pequeno texto), como um insight para refletirmos sobre nossa vida intelectual. De fato, a sobrecarga de conteúdos gerados na internet atualmente provém de quais tipos de fonte? De papagaios repetidores ou de indivíduos que, *caps lock*!, PENSAM? A necessidade de tecer opinião sobre tudo e de ganhar cliques e curtidas não pode ser – e não é – maior que o prazer de viver uma vida intelectual. Por tal erudição, não entendam tirar fotos com uma biblioteca ao fundo, com cachimbo na boca e olhar de Schopenhauer. Refiro-me, isso sim, a ter uma vida interior de estudos, de reflexão – o que não, necessariamente, resulta em produção de conteúdo.

Tenho um amigo caminhoneiro. É amante dos livros. Faz a rota Rio Grande do Sul-Argentina. Viaja a Buenos Aires. Leva com ele em cada viagem um novo livro, que retira da Biblioteca Municipal Machado de Assis, de Novo Hamburgo. Ninguém vai ver artigos dele em jornais, blogs na internet ou produções literárias. Guarda seu conhecimento para si. Cada vez em que converso com ele, percebo que flui de seu íntimo uma fala natural de alguém que tem vida interior, vida intelectual. É um caminhoneiro, batalhador e que suja as mãos de graxa, mas tem uma vida interior não menos importante que a de Montaigne, de Flaubert e de Lewis – pois, como escrevi acima, a vida intelectual é interior. Além do mais, se Montaigne e Flaubert ganharam suas heranças que possibilitaram sua dedicação total à vida literata e Lewis teve em seu pai um bom mantenedor ao menos nos primeiros anos em Oxford, o caminhoneiro precisa otimizar seu tempo para desenvolver sua vida interior de pensamento.

Hoje, poucos são os conteúdos que absorvo nas redes sociais, até mesmo dos principais formadores de opinião no país. Fico atento ao básico para manter-me informado. A necessidade de opinar sempre – e de ter razão sempre –, faz alguns, aos gritos, venderem suas almas, hoje vazias de um conhecimento genuíno, por migalhas de interesses próprios, via de regra pequenos se comparados à imensidão do conhecimento.

Raros são os pensadores da liberdade no Brasil atual. Os poucos que pensam, podem acreditar, não estão nas vitrines. Muitos estão atrás do volante de um caminhão e, como já disse, não são menos literatos do que outros que se sentam na primeira fila dos eruditos nacionais; entendem o significado do "buscar o conhecimento". Há uma frase atribuída ao escritor russo Fiódor Dostoiévski (1821-1881) que pode, de algum modo, explicar a diferença entre o viver a vida intelectual e o "ser" um intelectual: "*Podem ter a certeza de que não foi quando descobriu a América, mas sim quando estava a descobri-la, que (Cristóvão) Colombo se sentiu feliz*". Ou seja, a estrada para o conhecimento, a vivência interior diária e as experiências do saber são muitos mais prazerosas em detrimento a qualquer título, publicação ou honraria na vida intelectual.

Somos (ainda) um país regido pela liberdade de pensamento. Que aproveitemos isso, pois noutros lugares o povo mal instruído perdeu sua liberdade de pensamento e expressão por, justamente, não fazer bom uso dessa liberdade. Haja vista o "Bücherverbrennung", a triste queima de livros nazista ocorrida em 21 de junho de 1933, assim como os países socialistas que em pleno século XXI imprimem somente o que seus líderes totalitários permitem.

Lembremos: uma nação bem instruída jamais será governada pelos maus. Aqui no Pampa, enquanto escrevo este pequeno ensaio, faz um frio de "renguear cusco". Minha casa é simples, mas aquecida pelos livros nas estantes em meu quarto. Como é bom ler, pesquisar, aprender, conhecer... são ferramentas que exercitam o pensar. O livre pensar!

Dia desses faltou energia elétrica aqui em casa. Fazia frio. Eu e minha esposa, que, quase formada em psicologia, compartilha comigo muitas leituras, ligamos a lanterna do celular e começamos a ler. Cada um lia algumas páginas de livros aleatórios. E como foi bom. Como é bom! O celular não fez falta – exceto pela serventia de sua lanterna. A literatura nos distrai dos aspectos ruins da humanidade e nos eleva a outro patamar individual, interior, de pensamento e conhecimento. Paradoxalmente, entretanto, ao passo que a leitura nos distrai de fatos ruins do dia a dia, ela nos apresenta outro mundo e novas realidades. Talvez até mesmo a verdadeira realidade, conquanto nem sempre estejamos abertos como bons receptores para depararmo-nos com algumas verdades.

Não é preciso romper com o mundo exterior, assim como fez Gustave Flaubert, para obter-se uma vida intelectual, mas é necessário romper, sim, com nosso próprio mundo interior. O bom liberal-conservador, preciso lembrar, deve ter uma vida intelectual. Até porque ficar por aí citando frases soltas de Ludwig von Mises para pertencer a rodas de discussões sobre política, economia, filosofia e ideologia é muito pouco se comparado àquilo que se espera de um bom liberal.

17.

ERASMO DE ROTERDÃ E O BOM GOVERNANTE

O holandês Desidério Erasmo, mais conhecido como Erasmo de Roterdã, foi um importante idealista do humanismo cristão do período renascentista. Nasceu em Roterdã em 1469 e morreu em Basiléia, em 1536. Foi contemporâneo, portanto, de Nicolau Maquiavel (1469-1527). Teólogo e filósofo, estudou na universidade de Paris e construiu seu pensamento em Oxford, concluindo sua formação humanista cristã em Basiléia. Neste pequeno texto, vamos discorrer sobre seu pensamento, sobretudo nos aspectos que versam sobre bons exemplos a nossos governantes. Enquanto seu contemporâneo Maquiavel balizou seus escritos a fim de ajudar o príncipe a perpetuar-se no poder, em Erasmo vemos "*um cândido reconhecimento para com as monarquias hereditárias*" (N. T). Nesse sentido, pode-se afirmar que o trabalho de Erasmo foi uma antítese ao do florentino.

Para o filósofo holandês, aquele que é nascido para ser governante deve ser educado de forma a governar com justiça e benevolência, e o governo do príncipe jamais deve se tornar opressivo. Escreve: "O que faz do príncipe um grande homem, senão o consentimento de seus súditos?". Aqui vê-se uma lucidez importante de Erasmo e aproveito para abrir parênteses: como sofre um país refém de um mau governante que permanece no poder... Por conta disso, defendo o sistema parlamentarista de governo, dado que traz menos obstáculos tanto para expurgar do poder um chefe de governo (presidente) que faz má gestão ou até mesmo para uma dissolução de parlamento. Claro que, para tal convicção na afirmativa, ancoro-me no parlamentarismo-mãe, o inglês.

Erasmo, que desenvolve suas faculdades intelectuais e escreve num contexto turbulento na Europa, vê na aceitação do povo o consentimento, o direito, de exercer autoridade sobre eles. Para Erasmo, portanto, o governante deveria ser douto de virtude, educado e moralmente bom para entregar o melhor ao povo com as tomadas de decisões mais assertivas possíveis. Ao ler isso, é impossível não me lembrar do "parto" que foi a retirada da ex-presidente Dilma de seu cargo de chefia de governo, mesmo com os índices de reprovação a seu governo batendo em Marte. Aqui, mais uma vez, retomo a mecânica parlamentarista e sua dinâmica para troca de maus governantes.

Como o estudo é denso, para que o texto não se torne cansativo – ou mesmo prolixo –, dividi-lo-ei em partes. Neste breve início, busquei apresentar Erasmo de Roterdã de forma básica: nascimento, formação, linha de pensamento e seu "antagonismo" em relação a Maquiavel. Findo com um clássico enunciado de Erasmo: "A pior das loucuras é, sem dúvida, pretender ser sensato num mundo de doidos". Parece Chesterton, não é mesmo? Gostou da frase, caro leitor? Então termino, de vez, o texto com mais uma dele: "*Os maiores males infiltram-se na vida dos homens sob a ilusória aparência do bem*".

18.

ERASMO DE ROTERDÃ E O BOM GOVERNANTE (PARTE II)

Nesta parte do estudo, em que apenas arranhamos a superfície do legado de Erasmo de Roterdã, voltamos a 1516, quando nosso protagonista visita os Países-Baixos e é nomeado conselheiro do príncipe Carlos V (1500-1558), a quem escreve A educação de um príncipe cristão. Na carta a Carlos, a quem Erasmo classifica como "Ilustríssimo Príncipe", há conselhos riquíssimos que bem podem nos ser úteis nos dois atuais.

Já no primeiro parágrafo, Erasmo cita Aristóteles (384 a.C – 322 a.C): "*(...) nenhum tipo de sabedoria é classificada por Aristóteles como mais excelente do que a que ensina como ser um príncipe benevolente (...)*". Logo mais, Erasmo traz à luz o pensamento de Xenofonte (354 a.C – 354 a.C), que valoriza o governo sobre cidadãos livres, algo que, para ele, dialoga com a natureza humana. Aqui vemos em Erasmo outra vez a valorização da liberdade dos cidadãos, um contraponto a qualquer ideia socialista, ou de qualquer ideologia totalitária, de controle das liberdades.

Em seguida, o jovem de Roterdã cita o grande historiador grego (Lúcio) Plutarco (46 d.C – 120 d.C), que reforça a importância do trabalho de bem aconselhar um príncipe: "*E Plutarco tem boas razões para crer que nenhum homem presta ao estado maior serviço que aquele que equipa a mente de um príncipe com os princípios mais elevados, dignos de um príncipe*". Em contrapartida, lembra Erasmo a desgraça causada aos homens pelos maus conselhos que "*corrompem o coração de um príncipe*".

Tendo como exemplo Erasmo, observa-se que, ao longo das gerações e da evolução do renascentismo ao estado moderno, um bom governante precisou estar cercado por pessoas literatas, sensatas, experientes e, sobretudo, honestas – e, claro, impossível não mencionar, pessoas que tinham como único imperativo a liberdade dos indivíduos. Essas obtiveram êxito. Quem cerca nosso atual presidente da República, Jair Bolsonaro, atualmente? E não me refiro a ministros que têm aqui ou ali reuniões de ministérios semanais ou seja lá com qual frequência...

O evangelista Billy Graham (1918 – 2018) foi conselheiro de inúmeros presidentes americanos. Aqui não quero tender para teologia ou fé – muito embora nosso protagonista Erasmo fosse teólogo e sua obra, que é nosso objeto de estudo, seja focada na educação de um príncipe cristão. O que levou o pastor americano, pergunto, a sentar-se à mesa dos homens mais poderosos do mundo? Se o republicano Richard Nixon foi seu mais íntimo, destaco que outros tantos recorreram ao evangelista para buscar conselhos: Harry Truman (1945-1953), George H.W. Bush (1989-1993) e George W. Bush (2001-2009), a quem muito influenciou. Até mesmo o democrata Barack Obama (2009-2017) aconselhou-se com Graham – o que derruba a narrativa de que a fé era o único motivo dos encontros. Também era, mas não o principal. Mas qual seria o tal motivo? Este: uma sabedoria oriunda de anos de retidão, de uma vida sem mácula e sem, sobretudo, interesses venais. Graham não solicitava acesso à Casa Branca; pelo contrário: era requisitado. O próprio Henry Kissinger foi conselheiro de vários presidentes dos Estados Unidos, de Eisenhower a Gerald Ford. Claro, focado nas relações exteriores; mas um exímio mentor, um guia.

Erasmo estudou a obra de Isócrates (já abordado aqui) e apresenta uma sua dissonância com o filósofo, haja vista que este, segundo Erasmo, instruía qualquer rei sem importância ou até tirano. Nosso autor finda a carta ao príncipe Carlos mencionando sua precocidade na obtenção do governo e que esse assim seria lembrado como um príncipe que não hesitaria em ser cristão, verdadeiro e correto, dispensando sempre a bajulação. Findo nosso texto com uma frase do jovem de Roterdã, de que faço uso para dar um humilde conselho a nosso presidente: "Um mal não é um mal para quem não o sente; que te importa se todos te vaiam se tu mesmo te aplaudes?".

19.

ERASMO DE ROTERDÃ E O BOM GOVERNANTE (PARTE III)

Nos dois primeiros textos, fizemos uma pequena introdução a Erasmo de Roterdã e abordamos alguns bons conselhos dados por nosso personagem ao príncipe Carlos I que, obviamente, buscamos traçar como paralelos com nossos governantes. Agora, seguimos imersos no pensamento de Erasmo, que solta o verbo em determinado momento sobre a relação governante versus filhos versus estado. Fica fácil identificar a exortação e relacionar ao atual presidente Bolsonaro e problemas com os filhos. Segue: "*O príncipe bom e sábio deve sempre ter em mente, ao cuidar da formação de seus filhos, que quem nasce para o estado deve ser formado para o estado, e não para agradar a seus próprios sentimentos; o que existe para o benefício do público sempre tem precedência sobre os sentimentos privados de um pai*".

O filósofo de Roterdã é claro: o homem público deve sempre colocar os interesses do país sobre os de seus próprios filhos. Aqui entra o velho patrimonialismo brasileiro, chaga que nos assola o país. Misturar ou se apropriar da máquina pública para defender seus interesses não leva nota zero no conceito de Erasmo de Roterdã. Evidentemente, os conselhos destinam-se a monarquias. Por isso, Erasmo atenta para a importância da escolha do príncipe pelo povo, que devem ser semelhantes: o príncipe em sua administração deve pensar no bem-estar do povo. Ou seja, entende-se que o estado serve ao indivíduo, não o contrário.

Eis um ponto crucial no pensamento de Erasmo: ele afirma que, quanto mais difícil for uma eventual mudança do escolhido ao governo, maior deverá ser o cuidado na escolha "*para que a precipitação de um momento não venha a causar infortúnios duradouros*". Aqui retomo a questão do sistema parlamentarista de governo e seu dinamismo tanto para a reposição de um chefe de governo como para a dissolução de um parlamento. Claro que, como já abordado anteriormente, refiro-me ao parlamentarismo-mãe inglês, o mais evoluído no mundo. O liberal Joaquim Nabuco, a quem já citei mais de uma vez em meus textos, ao visitar a Inglaterra, deparou-se com o que entendeu ser um sistema ideal de governo em que os poderes independentes, porém harmônicos, trabalham como uma máquina justa e eficaz, tanto judiciária como legislativa.

É importante ressaltar, no entanto, que Erasmo trabalha dois modelos de chegada ao poder: o de escolha, por eleição, e o por direito de nascimento, que, para Erasmo, tem como única medida para tornar um governante justo a boa e adequada educação. No caso do sistema presidencialista brasileiro, torto e manco, operando numa Constituição moldada ao sistema parlamentarista, a dificuldade para o impeachment de um mau governante é absurda. Nem me refiro apenas ao Executivo, mas até a parlamentares que, mesmo "pegos com dinheiro nas cuecas", não perdem seus mandatos.

Findo com um conselho de Erasmo destinado à formação de um jovem príncipe, mas que é atual: "*Ensina ao jovem príncipe que a nobreza, as estátuas, as máscaras de cera, as árvores genealógicas, e toda a pompa heráldica que leva as pessoas comuns a se incharem de orgulho pueril, são apenas gestos vazios, exceto na medida em que tenham sido consequência de atos honoráveis*".

Ao redigir a última frase, veio-me à lembrança o gigante inglês Winston Churchill, que salvou sua ilha do maior tirano da história, caminhando contra todas as perspectivas. Churchill tanto em vida como em seu funeral recebeu honrarias que, confesso, não vi em outro país ocidental democrático. Aliás, já que o tema abordado foi a criação e educação de um governante, sugiro a leitura da biografia daquele que considero como pai dos ingleses, escrita – e muito bem escrita – por Martin Gilbert. No livro primeiro, fica evidente que a formação de Winston refletiu-se em suas tomadas de decisões frente ao nazismo.

20.

ERASMO DE ROTERDÃ E O BOM GOVERNANTE (FINAL)

Se buscarmos nos principais dicionários o significado do termo adulador, em todos devemos nos deparar com o adjetivo substantivo masculino "bajulador". É com os aduladores que o príncipe Carlos, segundo nossa fonte Erasmo de Roterdã, devia preocupar-se. Aliás, afastar-se, manter distância dos que Erasmo classifica como "praga específica". Como bibliografia para escrever seu alerta sobre o perigo dos bajuladores, o jovem de Roterdã, agora conselheiro de Carlos, toma emprestado o ensaio de Plutarco, que, percebemos, era referência de Erasmo. O ensaio do historiador e filósofo grego foi intitulado Como distinguir entre o amigo e o adulador.

O poder é sedutor. Na política, essa sedução é amplificada pelo "prestígio" que se obtém ao circular junto a um chefe do Executivo, quiçá ser denominado um conselheiro. Nesse sentido, os escritos de Erasmo de Roterdã são riquíssimos, de valor inestimável, de modo que renderiam um imenso estudo de caso, assim como nos fornecem ampla fonte bibliográfica. Retenho-me, todavia, a findar o estudo em que nos debruçamos sobre – e usamos como arcabouço – a obra de Erasmo, neste texto. Meu objetivo é que, do mais simples ao mais importante chefe de executivo no Brasil, o Mito do Planalto, possa este breve estudo ter alguma valia para reflexão sobre os temas abordados – em específico, agora, a bajulação.

Nosso personagem de Roterdã faz uma admoestação àqueles que desdenham do perigo que representam os bajuladores: *"(...) os impérios mais florescentes dos maiores reis foram derrotados pela língua do adulador"*. Segue: *"Em nenhum lugar lemos acerca de um estado oprimido pela tirania implacável sem um adulador que desempenhe um papel fundamental na tragédia"*. Hitler chegou ao auge de sua loucura com significativa participação dos aduladores. Joseph Goebbels (1897--1945), Hermann Göring (1893-1946), Heinrich Himmler (1900-1945), Rudolf Hess (1894-1987), Reinhard Heydrich (1904-1942) e outros mais foram arquétipos "ideais" da desgraça que um adulador pode causar. Todos alimentavam o Führer em sua insanidade genocida. Não me refiro à perda da II Guerra Mundial pela Alemanha, mas sim à barbárie que foi o nazismo em seu todo. Claro que aqui uso um exemplo de governo. Stalin, por exemplo, desconfiava dos bajuladores. Volta e meia um deles era emparedado e o tiro na nuca era disparado; mas uso aqui outro caso extremo. Stalin foi um tirano genocida. Erasmo de Roterdã aconselha distanciamento de bajuladores, não proximidade, o que gerou desconfiança em Stalin, seguida por execuções.

O bom governante precisa estar cercado de conselheiros com pensamentos críticos. Quando iniciei como assessor parlamentar do deputado federal Marcel van Hattem, lembro-me de que, no processo inicial de seleção, Marcel pediu-me para apontar pontos a serem melhorados na comunicação do gabinete com os cidadãos. Eu entrava, preciso ressaltar, como assessor de imprensa do parlamentar do NOVO. Fiquei sem resposta à sua proposição. Marcel me "repreendeu" e, noutras palavras, disse: *"Ianker, preciso que sejas crítico. Até para me livrares de 'roubadas' (por roubadas leia-se: frias, erros, problemas)"*. Assim como qualquer pessoa normal, Marcel gosta de elogios. Recebe-os com alegria e retribui com agradecimento. Geralmente, um "obrigado". Marcel tem escola literata da melhor vertente da ciência política e sabe diferenciar, como bem propõe Plutarco, o amigo e o adulador. No enxuto gabinete do deputado Van Hattem, todos têm liberdade para tecer críticas e fazer algum alerta. Isso nada mais é do que seguir os conselhos de Erasmo de Roterdã.

Coincidência, ou não, Marcel tem sua ascendência na Holanda. Cito Marcel pelo simples de fato de ser uma experiência real que tenho com um político, ainda que do Legislativo.

Findo lembrando que a crítica é fundamental no processo não apenas político, mas na vida. Críticas construtivas, como bem autoexplica a segunda palavra da expressão, "constroem"! O bom governante precisa estar cercado por homens sábios e críticos. O bom conselheiro, por sua vez, tem de ser ousado a ponto de expor seu pescoço – do contrário ou é bajulador, ou é covarde. Que nosso presidente da República, Sr. Jair Bolsonaro, cerque-se de homens críticos e afaste os aduladores, pois, como já lemos, os governos acometidos pela desgraça estavam repletos deles. Aqui cabe uma frase de Erasmo: "*Todos esses loucos encontram, porém, outros loucos que os aplaudem; pois, quanto mais uma coisa é contrária ao bom senso, mais ela atrai admiradores; o que há de pior é sempre o que agrada à maioria.*"

Aos aduladores, deixo essa sentença de Erasmo de Roterdã: "*(...) fechar os olhos aos defeitos dos amigos, a ponto de apreciar e admirar grandes vícios como grandes virtudes, não será, acaso, avizinhar-se da loucura?*".

21.

O ANTI-MAQUIAVELISMO DE FREDERICO DA PRÚSSIA

Frederico II, o Grande (1712-1786) foi sem dúvida alguma um dos mais notáveis governantes da História. Assumiu o reinado da Prússia em maio de 1940, após a morte de seu pai, Frederico Guilherme I. Também conhecido como Frederico da Prússia, ao longo de seu reinado de 46 anos, em que industrializou a Prússia, o comércio se expandiu e o povo cresceu. No mesmo ano da morte de seu Frederico Guilherme I, seu filho publica sua relevante obra *O Anti-Maquiavel*. Como fica evidente no nome do livro, tem como arcabouço críticas ao filósofo e cientista político florentino Nicolau Maquiavel. Sobre ela, vamos discorrer neste ensaio.

Já na introdução de sua obra anti-maquiavélica, o rei da Prússia aperta a pena no papel e solta o verbo: *"(...) Maquiavel corrompeu a política e teve em mira destruir os preceitos da sã moral"*. Frederico refere-se, é claro, ao livro *O Príncipe* de Maquiavel. Noutro trecho, dois parágrafos à frente, Frederico concede seu parecer à obra de Maquiavel: "*Sempre considerei o príncipe de Maquiavel uma das obras mais perigosas entre as que se espalham pelo mundo*". Frederico demonstra preocupação com a utilização dos conceitos contidos no livro por príncipes ambiciosos, que não fazem distinção entre bem e mal. Nosso personagem alerta para a narrativa persuasiva de Maquiavel, que pode corrompê-los. "*Pernicioso e contrário ao bem dos homens*", afirma o jovem prussiano.

Ainda em sua introdução, Frederico propõe que os nomes dos maus príncipes não deveriam ser conservados na História. Segundo ele, a "*honra de perdurar na memória seria a recompensa da virtude*", que seria para ele algo bom para a humanidade. Neste ponto, é preciso observar, não seria má ideia, considerando a época. No entanto, o que daria segurança de que tais príncipes maus estavam preocupados com a história e não apenas com meras futilidades? Por outro lado, é necessário que a humanidade aprenda também com os maus exemplos. Imagine-se, pois, apagar todos os registros das barbáries do nazismo? Tais fontes bibliográficas, cinematográficas e constituídas por pessoas ainda vivas que vivenciaram o nazismo são um alerta para que novos déspotas como Hitler não sejam alimentados.

Frederico da Prússia segue em seu texto chamando Maquiavel de "*político abominável*" e alertando para sua imprudência ao ensinar a prática de crimes "*espantosos*". "*Segundo sua maneira de pensar", prossegue o prussiano, referindo-se, claro, ao filósofo florentino, as ações mais injustas e mais atrozes tornam-se legítimas com terem o interesse ou a ambição como finalidade*".

Nicolló Maquiavel, conhecido no Brasil como "Nicolau Maquiavel", nasceu em Florença, na Itália, em meados de 1469. Prestou serviços à Chancelaria da então República de Florença, berço do Renascimento italiano. Foi enviado a trabalhos especiais na França, Suíça e Alemanha. Maquiavel morreu em 1527, miserável e sem perspectivas na vida. Sua obra máxima foi *O Príncipe*, escrito em 1513, porém teve sua primeira edição publicada postumamente em 1532. Constitui-se, na essência, em conselhos sobre como conquistar e manter um principado, ou seja, perpetuar-se no poder. No entanto, o inimigo "póstumo" de Frederico da Prússia também redigiu outros escritos durante a Renascença.

Embora Maquiavel não use a frase, no todo da obra, entende-se que para o pensador os "fins justificam os meios"; ou seja, que o governante pode usar todos os artifícios para sua permanência no poder. Essa definição do pensamento maquiaveliano influenciou gerações de governantes ao longo do séculos. Um exemplo clássico de influência no período moderno foi a revolução bolchevique e a leninismo, assim como subsequentemente o stalinismo.

Há diversas correntes de pensamento sobre Maquiavel. Mesmo a considerar o teor pernicioso de seus conselhos, é necessário entender o contexto em que o florentino constrói sua obra, até para não cairmos em algum anacronismo. No século XVII, a Itália renascentista estava dividida em pequenos estados, entre repúblicas, reinos, ducados, isso sem mencionar os próprios Estados Papais. Eram frequentes, nesse sentido, concorrências pelo poder em territórios. Fazia-se uso, inclusive, da contratação de mercenários, com o intuito de obter conquistas territoriais. Maquiavel escreve *O Príncipe*, portanto, num cenário intenso de disputas na Itália. Ele encontrava-se no olho do tornado.

Maquiavel tem suma importância, é preciso reconhecer, na definição de Estado, o que por conseguinte culmina mais à frente na formação do Estado Moderno, que tem sua grande eclosão na Revolução Gloriosa de 1688, na Inglaterra. A partir dela, tem-se o fim do absolutismo monárquico, com uma primeira divisão de poderes, agora com o rei e parlamento, o que resulta em maturidade política e desenvolvimento econômico.

Este pequeníssimo ensaio é proposto no ensejo de oferecer uma reflexão sobre Maquiavel e seus polêmicos conselhos. Para tanto, uso como base um crítico voraz do florentino, Frederico da Prússia, que não se furta em desclassificar sua obra. Se Maquiavel foi tão ruim como escreve Frederico ou teve sua importância nas concepções da ciência política e definição de Estado, é tema para um ótimo debate. O que não gera margem alguma para discussão, contudo, são as definições de que os fins justificam os meios para a perpetuação no poder e a própria perpetuação no poder em si.

Após discorrer em seus escritos sobre todos os pontos nos quais discorda de Maquiavel, Frederico da Prússia abre o último capítulo de sua obra *O Anti-Maquiavel* sendo enfático: "*Vimos, nesta obra, todos os falsos raciocínios pelos quais Maquiavel pretendeu lograr-nos e fazer-nos tomar os celebrados por grandes homens*".

Espero que a perpetuação no poder aqui no Brasil jamais ocorra e que a democracia, mesmo com seus defeitos, como bem disse Churchill, prevaleça. Os fins não justificam os meios. Justificar atos errôneos e imorais sob ameaça de retomada do PT ao poder é um absurdo.

22.

HENRY KISSINGER E A NOVA ORDEM MUNDIAL

Não há dúvidas de que a figura americana com maior riqueza em conhecimento diplomático e geopolítica mundial atualmente chama-se Henry Kissinger. É acerca da perspectiva traçada em sua obra Diplomacia (1994) sobre a nova ordem ou sistema internacional das potências no século XIX que vamos discorrer neste breve artigo, além de buscar entender como a pandemia do coronavírus oriunda da China impacta esse processo.

Nascido em 1928 na Alemanha e de origem judia, já em 1938, devido ao antissemitismo nazista que levava terror aos judeus, precisa e consegue emigrar com seus pais para solo americano, onde são acolhidos. Com cidadania americana obtida em 1943, Henry Kissinger faz seu doutorado na Universidade de Harvard em 1954, onde leciona posteriormente. Antes disso, serve na Segunda Guerra Mundial.

Foi Secretário de Estado dos Estados Unidos nos governos Richard Nixon (1973-1974) e Gerald Ford (1974-1977). De 1969 a 1975, foi Conselheiro Nacional de Segurança, também com Nixon e Ford. No entanto, desde Eisenhower foi conselheiro de relações exteriores de todos os presidentes dos Estados Unidos, até Ford. Em 1973, ganha o Prêmio Nobel da Paz por seu trabalho em prol do acordo de cessar-fogo na Guerra do Vietnã. Um currículo e tanto – e uma história de vida não menos importante. Este não é o primeiro texto em que cito o currículo de Kissinger; e difícil tarefa é não fazê-lo, sobretudo quando se trata de um homem que vivenciou os bastidores da política americana durante a Guerra Fria, sendo diplomata na maior nação do mundo num período em que uma simples vitória em uma partida de xadrez tinha uma valia imensurável para os dois eixos do embate, EUA e a então URSS.

Em sua obra Diplomacia, Kissinger manifesta sua impressão de que a cada século o mundo é regido por alguma nação. Ele discorre: "*Como por força de alguma lei natural, parece que em cada século surge um país com poder e vontade, ímpeto intelectual e força moral para moldar todo o sistema internacional aos seus próprios valores*". Kissinger cita a França do século XVII e a Inglaterra do século XVIII. "No século XIX", prossegue, "*a Áustria de Metternich reconstruiu o Concerto da Europa e a Alemanha de Bismarck o demoliu, tornando a diplomacia europeia o jogo a sangue-frio da política de poder*". Já no século XX, segundo Kissinger, os Estados Unidos foram protagonistas na influência das relações internacionais.

Kissinger ressalta a imposição americana com seus ideais no firmamento dos principais acordos internacionais – da Liga das Nações e do Pacto Briand-Kellog à Carta das Nações Unidas e à Ata Final de Helsinque. Para Kissinger, o colapso do comunismo da URSS confirmou tal imposição dos ideais americanos no campo diplomático. Estamos falando de um país (EUA) que, em 1945, nos findos da Segunda Guerra Mundial, era dono de 35% da economia no mundo.

A nova ordem mundial, ou novo sistema internacional do século XXI, para Kissinger – que traça a perspectiva num contexto pós-Guerra Fria –, terá seis potências: Estados Unidos, Europa, China, Japão, Rússia e, "provavelmente", escreve, "Índia". O diplomata também afirma que países de porte médio e até pequeno terão algum protagonismo.

De acordo com o ranking da Austin Rating, que faz o comparativo das maiores economias do mundo desde 1994, os seis primeiros colocados no levantamento de 2021 são, pela ordem de participação do PIB, Estados Unidos (22,8%), China (17,2%), Japão (5,3,), Alemanha (4,5%), França (3,0%) e Reino Unido (3,0%). A Índia, apontada como estando entre as seis por Kissinger, aparece na sétima colocação com

2,9%. A Rússia figura na décima primeira posição, com 1,6% do PIB. Dos países emergentes, o Brasil ocupa o décimo quarto lugar com 1,5%. Em 2019, o Brasil ficou na 9ª posição, no comparativo que considera o PIB dos países em valores correntes, em dólares.

Considerando-se a variação das economias, Kissinger é assertivo em sua previsão, com exceção da Rússia, ao menos nesse ranking atual. O Brasil, por sua vez, a partir do desgoverno do PT de Dilma Rousseff, pendeu ladeira abaixo com a grande recessão econômica. Com o impeachment, o país parou. Agora, com uma assustadora pandemia que ninguém sabe quando termina, não sabemos onde iremos parar.

O fator a ser observado a médio ou até a curto prazo é o crescimento da China, país de origem do coronavírus, mas que, ao menos pelo que se sabe, eliminou a pandemia dentro de seu território. Aqui não entro em teoria da conspiração. É apenas curiosidade. Aliás, definir a China atualmente dá nó em qualquer cientista político. Se a economia cresce com uso do capitalismo de mercado, a China também é um país fechado, controlador, sem qualquer liberdade de imprensa e individual. Seria a China uma URSS do século XXI disposta a pelear uma "Guerra Fria"?

Kissinger, que segue vivíssimo com 98 anos, acredita em algo pior: já alertou Biden, inclusive, para o risco de uma catástrofe militar na relação entre EUA-China. Durante a sessão de abertura do Bloomberg New Economy Forum, disparou: "*Os Estados Unidos e a China caminham cada vez mais para o conflito e conduzem sua diplomacia de forma confrontadora. O perigo é que ocorra alguma crise que vá além da retórica para um conflito militar real.*"

Segundo Kissinger, a pandemia do coronavírus vai alterar para sempre a Ordem Mundial. Aguardemos os próximos capítulos.

23.

MIGUEL DE CERVANTES E OS CONSELHOS POLÍTICOS DE DOM QUIXOTE

O escritor Miguel de Cervantes (1547-1616) é, sem dúvidas, um dos mais relevantes romancistas de todos os tempos. Sua magnum opus, Dom Quixote de La Mancha, publicada em 1605, o colocou na primeira fila ao lado dos grandes da literatura mundial. No enredo da obra, o personagem D. Quixote dá conselhos a seu companheiro, Sancho Pança, que passa a governar uma ilha, a "Ilha de Consusión". Sua nomeação ao governo tem por motivo a zombaria. No entanto, Sancho encara o desafio com realismo hábil e conquista a admiração de seus zombadores. Apesar de tratar-se de uma peça de ficção, há bons insights nos conselhos do Fidalgo ao mais novo governador da ilha.

Como estamos falando de um clássico, não me cabe aqui resenhar a história. Por conta disso, separei alguns conselhos pertinentes do Fidalgo, que, preocupado com a falta de preparo de Sancho para governar, o toma pela mão e vai com ele a seu quarto, onde o obriga a sentar-se e ouvir.

– "*Primeiramente, filho, hás de temer a Deus, porque no temor de Deus está a sabedoria, e sendo sábio, em nada poderás errar*". Aqui vemos a importância da sabedoria ao governar. O Fidalgo recorre à sua fé, mas uso como case o "saber". Em vários textos, venho insistido na importância de os governantes terem bons conselheiros e cercarem-se de homens sábios. Sobre Deus – e aqui vos escreve um cristão –, ele pode sim ser consultado, mas jamais ser usado como plataforma religiosa de populismo às massas de fiéis incautos.

– *"Nunca interpretes arbitrariamente a lei, como costumam fazer os ignorantes que têm presunção de agudos"*. Ainda bem que no Brasil atual não há casos de arbitrariedades em nossa Corte Suprema. Estamos tranquilos. Preciso escrever *"aviso de ironia"*?

– *"Faze gala da humildade da tua linhagem, Sancho, e não tenhas desprezo em dizer que és filho de lavradores (...)"*. No Brasil, ocorre o contrário. Muitos usam a *"vida passada humilde e sofrida"* para passar uma impressão de simplicidade e honestidade. O lulopetismo nos deu prova disso.

– *"Quando te suceder julgar algum pleito de inimigo teu, esquece-te da injúria e lembra-te da verdade do caso"*. No Brasil político atual, há duelos que se parecem com uma cena do filme Mad Max: Além da Cúpula do Trovão, estrelado pelo ator Mel Gibson, que interpreta Mad Max. *"Dois homens entram, um homem sai"*, urrava a plateia ansiosa por um cadáver esticado na gaiola de lutas de um lugar distópico, com escassez, onde a energia mecânica era oriunda de fezes de suínos. Em nossos poderes e governos em geral, birras pessoais e até políticas estão em muitos casos acima do senso da verdade dos casos. O combustível de alguns duelos de tais políticos – tirem as crianças da sala! – lembra o combustível da Cúpula do Trovão, comandada pela rainha e musa Tina Turner. Alguns políticos, em particular, lembram a espécie.

– Já que falamos em suíno, segue: *"Eructar, Sancho, e não arrotar"*, disse Quixote. Aqui o Fidalgo aconselha Sancho a não eructar em público e ele não entendeu o termo. Quixote explica e Sancho entende o conselho e responde que não iria "arrotar". Por isso, no tópico frasal, o Fidalgo reforça para que Sancho moderasse também as palavras. Há ótimos oradores no Congresso, mas muitos deixam a desejar na postura. Quando descemos na escala até secretarias de governos e, pior ainda, prefeituras, deparamo-nos com a barbárie.

– *"Seja moderado no dormir, quem não madruga com o sol não goza o dia; e repara, Sancho, que a diligência é mãe da boa ventura, e a preguiça, sua contrária, nunca chegou ao termo que pode um bom desejo"*.

Sancho Pança, constrangido ao ouvir os conselhos – que aqui apenas resumo –, responde ao Fidalgo desta forma: *"(...) se Vossa Mercê entende que não sou capaz para este governo, já o largo, que eu quero mais a uma unha da minha alma do que a todo o meu corpo; e tão bem me sustentarei Sancho a seco com pão e cebolas, como governador com perdizes e capões; e, além disso, enquantose dorme todos são iguais: os grandes e os pequenos, os pobres e os ricos; e repare, senhor meu amo, que quem me meteu nisto de governador foi Vossa Mercê, que eu lá de governos de ilhas nunca entendi nada; e se acaso se persuade de que por ser governador me há de levar o Diabo, antes quero ir Sancho para o Céu do que governador para o Inferno".*

Sancho, no desfecho com seu interlocutor, nos deixa uma lição de moral e de senso de responsabilidade com a coisa pública, além de demonstrar não subjugar seus princípios por coisa alguma, sobretudo por um cargo de governo.

Findo por aqui. Lembro que Sancho foi nomeado ao governo da ilha por zombaria, mas, na história de ficção de Cervantes, governou com excelência. Muitos políticos do Brasil atual são nomeados ou eleitos por voto sério, mas governam com zombaria. Quem dera isso fosse apenas ficção.

24.

O BRASIL E A REPÚBLICA "DEMOCRÁTICA" DO PENSAMENTO ÚNICO

Tenho em mim um sentimento de frustração em relação ao cenário político e social brasileiro dos últimos dois anos. Não me refiro aos anos anteriores, pois vivíamos trancados num calabouço infestado pelo lulopetismo.

Assim sendo, quando não há expectativa, por conseguinte não há frustração ou decepção. Eu esperava mais no último biênio. Bem mais! Não me refiro, também, a 2021 porque deixei de ter expectativas do que deveria ser um país sério, com eleitos e eleitores encarando os desafios com seriedade e sem tribalismo.

Isso mesmo: o Brasil está divido em tribos. Ou em bolhas, como venho citando há tempo. Dentro de tais tribos, impera um pensamento único. Aquele que não segue à risca os ritos da cartilha da tribo é desclassificado pela maioria da tribo.

Não consigo ver diferença no comportamento que ocorre dentro dessas tribos em relação à alienação coletivista do comunismo da extinta União Soviética, por exemplo. A diferença é que aqui são pequenas organizações de "indivíduos" de pensamento autocrático. A maioria delas age de forma agressiva quando contrariada em seus ideais políticos.

O deputado federal Marcel van Hattem, um liberal-conservador, assina de forma brilhante o posfácio de meu livro A filosofia do fracasso: ensaios antirrevolucionários e traça uma perspectiva de um Brasil que emerge de uma hegemonia cultural petista para uma polarização, haja vista uma nova direita que surge em meados de 2013 com vias de migrar para uma pluralização de ideias. Esse é o caminho.

No entanto, o cenário tribal brasileiro constitui-se, a meu ver, numa "pluralização de tribos", não de ideias. Ainda precisamos avançar – e muito – para alcançarmos um patamar plural de ideias em que a voz do indivíduo prevaleça de fato. Contudo, nas tribos, o pensamento coletivo domina e o indivíduo é sufocado pela "democrática" maioria.

O ceticismo, um dos pilares do conservadorismo, passa longe das tribos da nova direita. O político de estimação da tribo está acima de qualquer suspeita. Não há margem para suspeitar, sob pena do retorno do PT. Questionar o grande líder seguido pela cartilha da tribo é, portanto, traição.

Já citei em outro texto a obra 1984 de George Orwell. Winston Smith, com sua dolorosa "úlcera varicosa" narrada de forma enfática por Orwell, é um cético. Seu fim, todos que leram a obra sabem. No caso de 1984, o Estado coage os indivíduos, é verdade, e o faz em grau ou proporção maior do que é feito nas tribos. Em comum, porém, o cético é o traidor.

Neste pequeníssimo ensaio, para explicar esse comportamento, não vou buscar algum autor, como é meu costume fazer. Nem sociólogo, psicólogo, antropólogo, filósofo. Tampouco farei qualquer analogia com outros casos semelhantes. Meu simples empirismo me possibilita sustentar minha opinião: infelizmente, estamos longe da pluralização de ideias! O caminho até lá será árduo. Nosso terceiro-mundismo é camuflado por um matiz de país desenvolvido e civilizado, sendo que, na realidade, no país das tribos, o que prevalece é a barbárie.

Seguirei sendo cético. Não no sentido de ceticismo absoluto, a ponto de invalidar a verdade, como pensava o filósofo francês Michel de Montaigne. Eu acredito em verdades. Todavia, como bom "traidor", desconfio sempre. Quem sabe, com isso e com mais céticos apoiando, o plano dê certo e o "PT volte". Seria uma tribo do pensamento único do ceticismo que quer a volta do PT? Enquanto isso, nas tribos da República "Democrática" do Pensamento Único, os fiéis marcham rumo ao atraso. Lênin deu um passo para trás para depois dar dois à frente. As tribos do Brasil dão um à frente para em seguida dar dois para trás. E assim sucessivamente.

POSFÁCIO

É com grande satisfação que atendo ao convite de meu amigo jornalista Ianker Zimmer para escrever o Pósfácio do seu livro intitulado *República Democrática do Pensamento Único: o Papel da Imprensa, o Estado Controlador e a Liberdade de Pensamento no Brasil.* A obra do meu jovem amigo terá, sem dúvida nenhuma, excelente repercussão entre os leitores, pois trata de aspectos essenciais da doença chamada "socialismo" e de demais aspectos, como a importância do livre pensamento. O livro vale, para mim, especialmente, porque analisa criticamente, com profundidade, um aspecto que considero vital: as relações do socialismo com a imprensa. No entanto, o autor faz reflexões importantes sobre as liberdades e usa grandes nomes da filosofia, da ciência política e até mesmo da literatura, como Isócrates, Erasmo de Rortedã, Michel de Montaigne, John Locke, Adam Smith, Edmund Burke, Max Weber, Gustave Flaubert, Schopenhauer, G. K. Chesterton, C. S. Lewis, Winston Churchill, Friedrich Hayek, Roger Scruton e de ex-socialistas que se decepcionaram com essa ideologia divisora de uma miséria igualitária, como Fiódor Dostoiévski, George Orwell e Paulo Francis.

Após trinta anos de governos de esquerda, o balanço é triste, tanto do ângulo econômico, quanto político. A aventura do estatismo socialista sai cara. O socialismo brasileiro, notadamente o lulopetismo, potencializou o mal de séculos da nossa estrutura sociopolítica chamado de "patrimonialismo", que consiste em gerir o público como privado, tentando se enriquecer às custas do Estado, ou seja, gerindo-o como bem de família, em benefício exclusivo de amigos e apaniguados. Dez milhões de brasileiros, que privatizam as benesses do Estado porque pertencem à alta estrutura da nomenclatura tupiniquim, vivem sobranceiros a duzentos milhões de contribuintes. E o Brasil está pagando a conta! Os socialistas são experts em se enriquecerem com o dinheiro dos outros. A carga tributária ao longo dos governos esquerdistas que nos acompanharam desde a virada do milênio, mais do que triplicou, sem que fosse sentido o benefício de um crescimento sustentado. Saiu caro, certamente, manter o Estado patrimonial, hipertrofiado pelos dois partidos de esquerda que se revezaram no poder: o PSDB e o PT.

Fernando Henrique governou com o apoio firme do Partido que representava a opção liberal, o PFL, hoje Democratas. Mas se furtou a realizar as reformas que dariam lastro ao plano Real e não controlou decididamente o estatismo. Foram brecadas as reformas necessárias. O sucesso alcançado no seu primeiro governo, graças à aplicação do Plano Real, ficou pela metade. As reformas indispensáveis para garantir a âncora da nova moeda não vieram. O segundo governo tucano, do ângulo das reformas que se tornavam inadiáveis, não cumpriu com o que tinha sido prometido. O estatuto da reeleição serviu mais como plataforma para garantir o triunfo do PT nas eleições de 2002. FHC foi o grande cabo eleitoral de Lula! Pena que os nossos social-democratas não estiveram à altura da missão que poderiam ter cumprido, tendo lidado com mais determinação face às organizações esquerdistas à margem da lei, como o MST, tendo completado as privatizações começadas e impulsionando as reformas na área da política, a fim de que a nossa representação correspondesse às expectativas da sociedade. Examinando as contas pagas pelos dois governos de FHC, o MST recebeu religiosamente os subsídios que exigia do Estado, quando a primeira providência a ser tomada teria sido tirar de circulação uma entidade que não tinha personalidade jurídica e que chegou a se tornar useira e vezeira na arte de destruir o agronegócio e de intimidar os produtores rurais. Os tucanos caíram na cilada social-democrata, que consistiu em querer agradar a esquerda raivosa, fazendo concessões ao estatismo e à corrupta burocracia. Poderíamos parafrasear o Lênin de 1920 e dizer que, no Brasil, "*o esquerdismo converteu-se na doença infantil do socialismo tucano*".

Dos governos petistas, já muito se falou. Envergonharam o país com o saque ao dinheiro público e a corrupção em grande escala, ao ensejo do Mensalão e do Petrolão. Como se fosse pouco, ainda nos deram de presente a composição do STF com um perfil extremadamente complacente com a roubalheira lulopetista, de forma que o mais alto colegiado do Judiciário conseguiu não somente desmontar a Operação Lava-Jato, como pôr na rua os larápios que tinham sido condenados pela Justiça, embora juízes e tribunais tivessem agido ao amparo da lei. Um desserviço histórico ao Brasil! A história foi encarada como construção de narrativas favoráveis aos transgressores. E boa parcela da imprensa agiu em favor dos que buscavam o desmonte das instituições, condenando a priori a opção dos eleitores brasileiros em prol de uma opção conservadora em 2018. Chega já de encarar a história como narrativa favorável aos transgressores, só pelo fato de ostentarem o ideário socialista! Hoje, mais do que nunca, o livro do meu amigo jornalista Ianker Zimmer, que me honro em comentar, é perfeitamente atual, pois a falta do livre pensamento aliada à crença na ignorância, como bem definiu Churchill, pode ser vista no socialismo brasileiro e Latino, hoje envergonhado!

IMPRENSA, SOCIALISMO E LIBERDADE

O Socialismo na vertente radical que se espraiou no Brasil e na América Latina não gosta da liberdade. Decorre essa ojeriza ao nosso bem mais valioso de um fato simples: a variante radical dessa posição ideológica afina-se com o pensamento unanimista proposto por Jean Jacques Rousseau (1712-1778) no seu *Contrato Social* (1762) o qual, como destacava Henri-Benjamin Constant de Rebecque (1767-1830) no seu livro *Princípios de Política Aplicáveis a Todos os Governos* (1810), sustenta duas falsidades de entrada: em primeiro lugar, que a condição para manter a ordem na sociedade e a felicidade geral é a unanimidade dos cidadãos ao redor do governo. Em segundo lugar, que a soberania consiste num poder ilimitado conferido ao governo e é democrática porque foi entregue à "vontade geral" mediante um processo eleitoral (cf. Rousseau, 1966; Constant de Rebecque, 1970).

Nada mais atual nestes tempos de poderes públicos que se consideram superiores uns aos outros e sobranceiros aos cidadãos, do que lembrar o pensamento de Constant. Nada mais atual, também, nesta época cínica de "revoluções bolivarianas", que pretendem democratizar o país matando a liberdade dos cidadãos, começando esse trabalho de desconstrução "progressista" pela corrupção da Magistratura.

Dois pontos destacarei neste posfácio à obra do amigo, jornalista e escritor, Ianker Zimmer: 1 – As revoluções e a imprensa. 2 – O socialismo marxista e a morte da livre informação.

É meu interesse destacar que, sem liberdade de imprensa, não teria havido revoluções democráticas ao longo da Idade Moderna, ou seja, no longo ciclo histórico que se estende do século XVII aos nossos dias. Não farei uma exposição exaustiva da saga revolucionária. Somente mostrarei como, nas principais revoluções que tentaram suplantar o Antigo Regime com a instauração de instituições livres, o papel da imprensa foi decisivo, a começar pelo papel desempenhado pelos panfletários, como porta-vozes das mudanças que eram esperadas. Mostrarei também que, quando a imprensa não se inspira na busca da liberdade, fenece. A morte da imprensa caminha de mãos dadas com o distanciamento dela em relação às reivindicações e lutas dos cidadãos em prol da liberdade, no seu dia a dia. Quando separada do oxigênio do amor à liberdade, a imprensa morre no sarcófago da propaganda.

1. As revoluções e a imprensa

As Revoluções, na Modernidade, são movimentos de massa pautados por um ideal: a igualdade. Correspondem à mudança conhecida pelas sociedades europeias ao longo dos séculos XVII a XIX, no sentido de materializar o ideal da justiça entendida como igualdade, que se contrapõe à herança medieval da hierarquização social em rígidos estamentos. Os autores que melhor flagraram essa realidade foram os chamados "doutrinários", intelectuais que na França, na primeira metade do século XIX, ecoaram a grande mudança que se iniciava com a Modernidade, rumo a uma configuração das sociedades europeias ao redor do ideal da igualdade, decorrente do processo de configuração do Estado moderno a partir da luta de classes. Não conseguindo eliminar os seus concorrentes, as classes em pugna terminaram optando pelo "contrato social", partilhando o poder com os seus adversários. Esse processo começa a se materializar na Inglaterra, no final do século XVII. Contrapondo-se à divisão da sociedade feudal em estratos sociais hierarquizados e inamovíveis, a Modernidade emerge com as classes sociais se identificando com a luta pela defesa dos seus interesses materiais, mediante a representação dos mesmos no Parlamento.

No seio das classes prevaleceu, no final da Idade Média e ao longo dos séculos XIV a XIX, a defesa dos interesses que lhes eram próprios: de um lado, a manutenção da posse da terra, a sua defesa e o direito à vassalagem com a cobrança de impostos sobre as classes inferiores, por parte da elite nobre de barões proprietários da terra e da parcela da Igreja identificada com o Alto Clero. De outro lado, a luta da burguesia para ter os seus direitos de posse de bens materiais e a execução de serviços e de trocas comerciais que a enriqueceram, para o qual os "homens bons" das cidades, praticantes do comércio, conseguiram que a classe da Alta Nobreza lhes garantisse um estatuto que lhes possibilitasse a liberdade de ir e vir e de praticar o comércio e as atividades artesanais, mediante as denominadas "Cartas de Foral", que sagravam a liberdade econômica. Por último, mantinham-se vivas as expectativas das classes inferiores, identificadas com os "servos da gleba", para verem garantidos os seus direitos à sobrevivência, nos campos e dentro dos recintos murados das cidades. Temos, em esquema muito rudimentar, a formação de três classes sociais que se identificarão como Aristocracia, Burguesia e Proletariado. A dinâmica dessas classes em rápida formação foi caracterizada por François Guizot (1787-1874), à luz da dialética de Hegel (1770-1831), como "Luta de Classes" (Cf. Guizot, 1864).

Os séculos XVII, XVIII e XIX conheceram a rápida dinâmica desse conjunto de classes, notadamente da Aristocracia e da Burguesia, que foram os atores mais importantes da luta política no cenário europeu ocidental. O Proletariado teve de aguardar mais algum tempo até ver definidos, claramente, os seus interesses materiais. Esse foi o processo de configuração dos partidos populares ao longo do século XIX, que estavam estreitamente ligados à formação de sindicatos e à expressão das suas reivindicações.

Todas as Revoluções Modernas tiveram o seu pregador. O meio para espalhar as novas ideias e arrastar as multidões foi a imprensa. Poderíamos identificar as manifestações desse fenômeno recordando os principais eventos. Antes, porém, convém lembrar um elemento fundamental da dinâmica das Revoluções Modernas: elas começam, sempre, com a pregação de uma mensagem de liberdade, por parte dos que antecipam as novidades que hão de vir. Essa pregação se faz, notadamente, pela imprensa, embora apareçam, também, como elementos de difusão massiva, as publicações de alguns livros portadores da nova era. Mas somente se consolidam essas proféticas mensagens ali onde conseguiu se solidificar a liberdade de expressão.

Em alguns contextos, como nas Ilhas Britânicas e, ulteriormente, nas 13 Colônias que se tornaram independentes da Metrópole, essa liberdade se consolida rapidamente. Em outros contextos, onde vingou um poder absoluto, como na França, as almejadas liberdades da nova era tardarão em se consolidar (cf. Tocqueville, 1988). Em outros contextos, influenciados pelo denominado "despotismo oriental", tornar-se á precária ou virtualmente impossível a liberdade de expressão, como nos contextos situados sob a batuta das monarquias absolutistas ibéricas, ou na Rússia dos Czares, nos confins da denominada "Ilha Europeia" (cf. Weber, 1944: vol. 4; Wittfogel, 1977).

Ali onde a nova era das Revoluções Modernas encontrou instituições que garantissem a representação de interesses dos cidadãos, as liberdades dos cidadãos tornaram-se uma realidade, sendo a liberdade de expressão, que se tornou plena e madura, um fator decisivo que ajudou a aperfeiçoar as instituições políticas. Tal foi o caso da Inglaterra. Ali onde o democratismo rousseauniano vingou como semente maligna, as liberdades minguaram, a começar pela liberdade de expressão na imprensa, tendo o processo modernizador degenerado no que foi denominado por Tocqueville (1805-1859), uma das referências de Ianker Zimmer neste livro, de "despotismo da maioria" (cf. Tocqueville, 1988). Esse foi o caso da França, mergulhada na sanguinolenta Revolução de 1789 e no Terror jacobino, que desaguaram no ciclo do absolutismo napoleônico (cf. Ludwig, 1957).

Acompanhemos, a seguir, os principais movimentos revolucionários e os processos de divulgação e de institucionalização das novas políticas emergentes.

1.1. A Revolução Gloriosa de 1688 na Inglaterra e as reformas no movimento sindical dos Trabalhadores na Inglaterra e na Alemanha

A denominada "Gloriosa Revolução" de 1688 foi o ajuste de contas dos *whigs*, liberais defensores do Parlamento e da representação, com os *tories*, conservadores, partidários do poder absoluto dos monarcas. O papel de John Locke (1632-1704) como ideólogo dos revolucionários foi de capital importância. O filósofo divulgou, anônimo, na Holanda e na Inglaterra, o seu *Tratado sobre o governo civil*, entre 1680 e 1688. Após a deposição da Monarquia Absoluta e da coroação dos Monarcas Constitucionais, William III (1650-1702) e Maria II (1662-1694), a obra de Locke foi publicada com o nome dele, em 1690 (cf. Locke, 1965).

Para Locke, e sobre ele temos neste livro do jornalista Ianker Zimmer um importante capítulo dedicado, não poderia haver senão esse tipo de monarquia, que reconhecia o Parlamento, órgão de representação dos interesses dos cidadãos, no contexto do que passou a se denominar de Monarquia Constitucional. As reformas que os Ingleses efetivaram no Estado ao longo dos séculos XVIII e XIX, alargaram e garantiram o exercício da representação, beneficiando os novos atores que, representando a parte mais popular da sociedade, reivindicaram e garantiram as reformas sociais que beneficiaram os trabalhadores. Foram os sindicatos, largamente desenvolvidos na segunda metade do século XIX, os espaços onde amadureceram as reivindicações do antigo Proletariado, no seio do *Labour Party*, dando ensejo a políticas públicas de inspiração popular, no final do século XIX e primeiras décadas do século XX. Os sindicatos de trabalhadores renunciaram à luta armada e aderiram à prática parlamentar, elegendo nesse período representantes das classes populares no Parlamento (cf. Paim; Prota; Vélez, 2015).

Dinâmica semelhante encontramos na Alemanha, onde socialistas de inspiração democrática como Ferdinand Lassalle (1825-1864) e Eduard Bernstein (1850-1932), organizaram um movimento para a participação dos trabalhadores na vida política, a Associação Geral dos Trabalhadores Alemães, alargando as reivindicações sindicais no partido Social-Democrata da Alemanha e se afastando resolutamente dos que apregoavam um messianismo de tipo totalitário, identificado com a pregação de Karl Marx (1818-1883) e Friedrich Engels (1820-1895), fechando a porta, assim, ao o malfadado "socialismo científico". Graças às reformas liberalizantes impingidas por Bernstein no seio do sindicalismo alemão da segunda metade do século XIX, os trabalhadores organizados entraram a participar da luta parlamentar, mediante eleições democráticas, que os guindaram ao poder já no final da mencionada centúria (cf. Paim; Prota; Vélez, 2015).

1.2. A Revolução Americana (1760) nos Estados Unidos da América

Foi o conhecido publicista inglês Thomas Paine (1737-1809), autor do panfleto ***Senso Comum*** (1776), que acendeu o pavio da revolução das 13 Colônias Americanas contra o domínio da Inglaterra, tendo dado ensejo à famosa "festa do chá", que deu início, na cidade de Boston, em 16 de dezembro de 1773, à revolta contra o regime colonial britânico (cf. Paine, 1973). Embora a *Declaração de Independência* das 13 Colônias tivesse sido redigida e assinada em 1776 pela ação de líderes como Samuel Adams (1722-1803), Benjamin Franklin (1706-1790) e Thomas Jefferson (1743-1826), a luta das Colônias Americanas contra a Metrópole estendeu-se durante vários anos, entre 1776 e 1783, com apoio das tropas francesas sob o comando do Marquês de Lafayette (1757-1834) e do general de Rochambeau (1725-1807), tendo terminado com a assinatura, pela Inglaterra e os Estados Unidos, do Tratado de Paris (1783).

Foi significativo, também, na consolidação do novo regime presidencialista, o papel desempenhado pelos artigos que vários membros da Assembleia Constituinte, reunidos em Filadélfia, publicaram na imprensa de Nova Iorque, Washington e outras cidades americanas, acerca dos fundamentos das novas instituições republicanas. Esses artigos foram compilados na famosa obra intitulada: ***O Federalista*** (1788), que foi um dos instrumentos essenciais para formular o consenso entre os constituintes acerca dos temas centrais que deram ensejo à ***Constituição Americana*** (1787) (cf. Hamilton; Madison; Jay, 1973).

Um dos aspectos essenciais da República Americana foi a clara rejeição daquilo que Alexis de Tocqueville denominava de "despotismo da maioria", que tinha como fonte a obra do pensador genebrino Jean-Jacques Rousseau intitulada: ***Do contrato social*** (1762) e que partia da ideia da "vontade geral" instauradora de uma espécie de centro único de poder, com a missão de impor a unanimidade, encarnada no Governo, sobre os interesses individuais dos cidadãos (cf. Rousseau, 1966). A nova República Americana era definida por Tocqueville, na sua ***Democracia na América*** (1835-1840), como o "reino tranquilo da maioria", obtida consensualmente no Congresso (cf. Tocqueville, 1977). O extremo da unanimidade foi convenientemente exorcizado pelos constituintes de Filadélfia como decorrente do "espírito utópico-democrático" (cf. Jefferson, 1973). Os estudiosos posteriores denominaram de "democratismo" tal posição de despotismo da maioria.

1.3. A Revolução Francesa (1789)

O propagandista desse grande evento que sacudiu a França e o resto da Europa foi o abade Emmanuel-Joseph Sieyès (1748-1836), com o seu panfleto intitulado: *O que é o Terceiro Estado?* (1789). Nele, Sieyès fazia uma comparação entre os detentores do poder e o resto da sociedade francesa. Enquanto o Rei e uma minoria de Nobres e membros do Alto Clero ocupavam todos os cargos públicos regiamente remunerados às custas dos contribuintes, estes não tinham nenhum acesso à administração do país, que era governado pelo Monarca absoluto e os seus Ministros, sem prestar contas à sociedade. Sieyès perguntava: "*É justo que uma minoria improdutiva, a Nobreza e o Alto Clero, de aproximadamente 180 mil pessoas detenham todos os cargos públicos e que os contribuintes, (que chegavam na época a 26 milhões de habitantes), não se beneficiem do dinheiro arrecadado pelos escorchantes impostos?*" O Rei Luís XVI (1754-1793) foi forçado a reunir em Versailles os "Estados Gerais" (Nobreza e Alto Clero que constituíam o Primeiro e o Segundo Estados, e a Burguesia que formava o Terceiro Estado), a fim de discutir a melhor maneira de gerir o país, num momento em que safras malsucedidas pelos rigores do inverno não garantiam alimento para todos os franceses. Sieyès perguntava: "O que é o Terceiro Estado?" E respondia: – "Tudo". "E o que são o Primeiro e o Segundo Estados?" E respondia: "Nada!" Esse foi o grito de guerra que derrubou a Monarquia Absoluta e que levou à instauração da República (cf. Sieyès, 1973).

Recordemos que na França da época havia uma florescente imprensa, com mais de 300 jornais que circulavam pelo país afora e que eram distribuídos também no exterior. Pois bem: essa enorme máquina de informação e propaganda foi posta a serviço da causa revolucionária, graças à pregação de Sieyès e de outros políticos corruptos e sagazes como o conde de Mirabeau (1749-1791) (cf. Jouvenel, 1968). O resultado foi uma revolução sanguinolenta que levou à guilhotina os principais membros do Governo e o próprio Monarca, bem como a sua esposa, Maria Antonieta de Habsburgo-Lorena (1755-1793). O espírito rousseauniano que passou a inspirar as instituições republicanas, no entanto, ergueu-se como um monstro mitológico que terminou, à maneira de Saturno, devorando os próprios filhos. Os principais ativistas como Robespierre (1758-1794), Saint-Just (1767--1794) e outros, foram tragados pela implacável máquina de eliminar dissidentes, tendo sido guilhotinados. Jacques Necker (1732-1804), Ministro das Finanças de Luís XVI, tinha sugerido ao Monarca que, aproveitando a reunião dos Estados Gerais em Versailles, reformasse a estrutura do Estado instaurando a Monarquia Constitucional, adotando a prática do Parlamentarismo à maneira inglesa. Somente essa solução, frisava Necker ao monarca, permitir-lhe-ia "salvar a cabeça" (cf. Necker, 1802). Pressionado pela consorte real, Maria Antonieta, que se alinhava com os interesses da corrupta nobreza, o hesitante monarca não seguiu o conselho do seu esclarecido Ministro e preferiu reformas cosméticas que deixaram intacta a estrutura do poder absoluto. Consequência: Luís XVI e Maria Antonieta foram guilhotinados em 1793.

O cenário do despotismo estava montado para que, em 1804, surgisse um centro de poder forte que colocasse a casa em ordem, revivendo, no entanto, o fantasma do absolutismo que pretendeu ser exorcizado nas jornadas revolucionárias. O General da Revolução, Napoleão Bonaparte (1769-1821), coroou-se Imperador dos Franceses e, do alto do poder absoluto, reorganizou o país, outorgando os instrumentos jurídicos que lhe possibilitariam reconstituir as instituições, não num contexto democrático e de governo representativo, mas de forma absolutista, assim como, um século e meio depois, no Brasil, procederia outro autocrata nato, Getúlio Vargas (1883-1954), quando proclamou o Estado Novo, em 1937 (cf. Vélez, 2004 e 2010).

No terreno cultural e da informação, o Imperador tudo centralizou e eliminou os 300 jornais existentes, substituindo-os pelo *Moniteur*, equivalente ao nosso *Diário Oficial da União*. O absolutismo napoleônico, definitivamente, não se dava bem com a imprensa livre. Nessas idas e vindas do despotismo da maioria, a França só chegaria a conhecer momentos de estabilidade ao longo do século XIX, como o reinado de Luís Filipe (1773-1850) entre 1830 e 1848, tendo sido prevalecente, no entanto, ao longo dessa centúria, a instabilidade das instituições, em decorrência da manutenção do ancestral estatismo.

1.4. A Conjuração Mineira (1789-1792)

O propagandista mais importante dessa jornada revolucionária foi o advogado e juiz Tomaz Antônio Gonzaga (1744-1810), que redigiu, após os acontecimentos e escrevendo desde o desterro em Moçambique, as ***Cartas Chilenas*** (1845), escritas em forma de poema satírico. Os ideais dos Inconfidentes Mineiros deitam raízes em três fontes: na Ilustração Francesa, de um lado, de outro, nas ideias que empolgaram aos norte-americanos na Revolução de 1776 e, em terceiro lugar, na teoria da soberania popular desenvolvida pelo padre Francisco Suárez (1548-1617) e outros jusfilósofos ibéricos no início do século XVII. Tanto o ideal da Liberdade quanto o da República com igualdade de direitos para todos e a crítica ferrenha ao absolutismo, formavam peças-chave da Ilustração e do ideário dos revolucionários (cf. Gonzaga, 1940; Suárez, 2004).

Os ideais da Ilustração e da Revolução Anglo-Americana entraram em Minas Gerais por intermédio dos estudantes que frequentaram as Universidades de Coimbra, Salamanca e Montpellier. A ideia de uma revolução no Brasil contra o jugo português nasceu em 2 de outubro de 1786, quando o estudante carioca José Joaquim Maia e Barbalho (1757-1788) encontrou-se, em Paris, com o embaixador norte-americano Thomas Jefferson e lhe entregou uma carta cuja parte central rezava assim: "*Eu nasci no Brasil. Vós não ignorais a terrível escravidão que faz gemer a nossa pátria. Cada dia se torna mais insuportável o nosso estado, depois da vossa gloriosa independência, porque os bárbaros portugueses, receosos de que o exemplo seja abraçado, nada omitem que possa fazer-nos mais infelizes. A convicção de que esses usurpadores só meditam novas opressões contra as leis da natureza e contra a Humanidade, tem--nos resolvido a seguir o farol que nos mostrais, a quebrar os grilões, e não renunciar à nossa moribunda liberdade, reanimá-la, pois ela está quase de todo acabrunhada pela força, único esteio da autoridade dos europeus nas regiões da América. Releva, porém, que alguma potência preste auxílio aos brasileiros, pois que a Espanha, certamente, se há de unir com Portugal; e, apesar de nossas vantagens em uma guerra defensiva, não poderíamos, contudo, levar a sós a efeito essa defesa ou, pelo menos, seria imprudência tentá-lo sem alguma esperança de bom êxito. Nesse estado de coisas, olhamos, e com razão, somente para os Estados Unidos, porque seguiríamos o seu exemplo, e porque a natureza, fazendo-nos habitantes do mesmo Continente, como que nos ligou pelas relações de uma pátria comum. Da nossa parte, estamos preparados a despender os dinheiros necessários e a reconhecer, em todo o tempo, a obrigação em que ficaríamos para com os nossos benfeitores. Tenho-vos exposto, em poucas palavras, a suma de um plano. Foi para dar-lhe andamento que vim à França, pois que na América teria sido impossível mover um passo e não suscitar desconfiança. A vós pertence, agora, decidir se pode executar-se a empresa. Se quiserdes consultar vossa Nação, estou pronto a oferecer-vos todos os esclarecimentos precisos*" (Apud Mury, 1973: 61-6).

A resposta de Jefferson foi mais diplomática do que revolucionária. Assim respondeu o diplomata norte-americano ao fogoso estudante brasileiro: "*A esperança de consideráveis vantagens chamará ao Brasil numerosos indivíduos em seu auxílio e, por motivos mais nobres, serão atraídos nossos oficiais, em cujo número há muitos excelentes. Nossos concidadãos, podendo sair da pátria assim que quiserem, podem, da mesma sorte, dirigir-se para qualquer país*" (Apud Mury, 1973: 63). Os estadunidenses formularam um pouco mais adiante, em 1823, uma política clara de não interferência dos países europeus nas nações americanas, com a *Doutrina Monroe*, garantindo aos Estados Unidos um papel de liderança continental. A busca da liberdade pelos latino-americanos seria prolongamento da crença nas luzes da Ilustração por parte destes, como reconheceu o enciclopedista D'Alembert (1717-1783) nos seus *Éléments de philosophie*: "*Fruto dessa efervescência geral dos espíritos, uma nova luz se projeta sobre muitos objetos e novas escuridões os cobrem, assim como o fluxo e o refluxo da maré depositam na praia coisas inesperadas e arrastam consigo outras*" (apud Cassirer, 1984: 18).

Em relação ao caráter revolucionário dos Inconfidentes, bem como à sua inspiração na gesta norte-americana, devemos reconhecer que eles se abeberaram, também, em fontes ibéricas. Alguns conjurados – e este é o caso particular de Thomas Antônio Gonzaga – eram fiéis funcionários da Coroa portuguesa e as suas reivindicações libertárias motivavam-se no evidente desrespeito dos governadores de plantão às leis que regiam o convívio dos povos sob a Monarquia, a qual, por sua vez, era pensada como garantia do bem comum. Essa situação, aliás, não era exclusiva dos Inconfidentes mineiros. Constituía, também, a situação que viviam os "criollos" da Nova Espanha e os "Comuneros" neogranadinos de 1781 (cf. Posada, 1975). O elemento doutrinário que animava a todos esses vassalos, ciosos do reconhecimento dos seus direitos era, de um lado, a teoria da soberania popular desenvolvida pela Segunda Escolástica, notadamente pelo jusfilósofo espanhol padre Francisco Suárez (1548-1617) e, de outro, a tradição costumeira do regime de liberdades presente na praxe do municipalismo ibérico, que conseguiu sobreviver à maré montante do Direito Romano, adotado como *raison d'État*. (cf. Suárez, 2004).

1.5. A Independência do Brasil (1822) e o seu ideólogo: Hipólito da Costa (1774-1823), editor do Correio Brasiliense, publicado em Londres entre 1808 e 1822

Hipólito da Costa, gaúcho nascido na cidade cisplatina de Colônia do Sacramento e formado em Leis e Filosofia pela Universidade de Coimbra ergueu-se, sem dúvida, como o arauto do Brasil Independente, tendo recebido do próprio Dom Pedro I (1798-1834) o honroso título de "Conselheiro da Independência". Mais do que um panfletário foi, certamente, um jornalista de tempo integral, a serviço da unidade nacional.

A respeito, frisava o próprio Hipólito, na primeira edição do jornal por ele criado em Londres em 1808: "*O primeiro dever do homem em sociedade é ser útil aos membros dela, e cada um deve, em benefício dela, segundo suas forças físicas ou morais, administrar, em benefício dela, os conhecimentos ou talentos que a natureza, a arte ou a educação lhe prestou. O indivíduo, que abrange o bem geral de uma sociedade, vem a ser o membro mais distinto dela: as luzes que ele espalha tiram das trevas da ilusão aqueles que a ignorância precipitou no labirinto da apatia, da inépcia e do engano. Ninguém mais útil, pois, do que aquele que se destina a mostrar, com evidência, os conhecimentos do presente e desenvolver as sombras do futuro. Tal tem sido o trabalho dos redatores das folhas públicas quando estes, munidos de uma crítica sã e de uma censura adequada, representam os fatos do momento, as reflexões sobre o passado, e as sólidas conjecturas sobre o futuro (...)*" (Costa, 1808, cit. por Almeida, 2018: 192-193).

Vale a pena registrar que, no início do século XIX, até 1821, embora houvesse poucas tipografias no Brasil, a Imprensa Régia, no Rio de Janeiro (1808) e a Tipografia Silva Serva na Bahia (1811) considerada a primeira empresa tipográfica particular do Brasil, com a perspectiva da independência de Portugal, entre 1820 e 1823, a publicação de jornais e pasquins cresceu exponencialmente, de forma que puderam ser identificados 362 folhetos relativos ao tema da independência. Segundo pesquisa coordenada por José Murilo de Carvalho (1939-),

"(...) foi o movimento Vintista que, chegado ao Brasil, deu impulso à publicação de panfletos. Em junho de 1821, a Impressão Régia publicou o primeiro deles. Dos 362 panfletos encontrados, cinco foram publicados em 1820, 136 em 1821, 170 em 1822 e 45 em 1823. Cinco deles não estão datados" (Carvalho; Bastos; Basile, 2018: 137).

O instituto da Censura Prévia vigorava durante o reinado de Dom João VI (1767-1826), seguindo a praxe da Monarquia portuguesa desde a morte do Marquês de Pombal em 1782. Após ser assinado pelo Príncipe Regente, Dom Pedro I, o Aviso Real de 1831 que extinguia a Censura Prévia, registrou-se o surgimento de 48 novos jornais. Até o final do Segundo Reinado em novembro de 1889, o número de jornais foi aumentando até se estabilizar em 13 novos meios de ampla circulação. Além do *Correio Braziliense* (1808-1822) que era publicado em Londres em forma de semanário, por Hipólito da Costa e da *Gazeta do Rio de Janeiro* (jornal do governo, publicado na capital entre 1808 e 1821), começaram a ser publicados uma série febricitante de jornas e pasquins. Dos 362 panfletos foi possível identificar 95 autores. Desses, 40 (ou 55%) nasceram na América Portuguesa, 18 em Portugal e um na Espanha. Os brasileiros constituíam 69% do total. Os autores provinham do Sul, especialmente do Rio de Janeiro, São Paulo, Minas e Rio Grande do Sul e 35 provinham do Norte e Nordeste, especialmente da Bahia e de Pernambuco, uma distribuição que espelhava os principais centros econômicos e políticos da época. Quanto à escolaridade dos autores, foram encontrados 23 portadores de diplomas, 32% do total. Ou seja: não somente a intelectualidade mas também expressivos setores da classe média participavam da agitação ideológica, em prol da Independência e do aperfeiçoamento das instituições.

Dessa atividade publicitária que começou a se expandir pelo país afora, dá testemunho o historiador José Murilo de Carvalho: *"(...) com o fim da censura, e como a Impressão Régia não era capaz de absorver a enxurrada de novas produções, surgiram várias gráficas particulares voltadas, sobretudo, para atender à nova demanda. Com este argumento, o livreiro Silva Porto pediu, em 1821, licença para criar o que seria a primeira imprensa particular da Corte. O famoso texto de frei Caneca (1779-1825) sobre o que se devia entender por pátria do cidadão, escrito no início de 1822, só pode sair mais tarde 'por falta de tipografia no país'. Mais quatro prelos surgiram logo depois. Outras tipografias surgiram em Pernambuco, no Maranhão, no Pará, em Minas Gerais e na Cisplatina. As tipografias, além da atividade editorial, transformaram-se em locais de debate público de ideias que alguns contemporâneos, como José da Silva Lisboa (1756-1835), julgavam revolucionárias e defensoras da independência do Brasil sob a forma de um regime democrático*" (Carvalho; Bastos; Basile, 2018: 137-138).

A variedade de pasquins e jornais era grande. Surgiram jornais críticos como a *Revista Ilustrada* (semanário nacional, que foi pioneiro na arte das caricaturas de personagens da política) e outros de menor porte, com nomes bastante pitorescos como *O Mosquito*, *O Besouro* e *O Mequetrefe*. Menciono os principais títulos que formaram parte da onda jornalística que varreu o país de Norte a Sul, durante o período imperial: *Diário do Rio de Janeiro* (1821-1978), *Diário de Pernambuco* (1825-), *O Farol Paulistano* (1827-1833), *Jornal do Commercio* (1827-), *O Mercantil* (1849-1865), *Gazeta de Notícias* (1875-1942), *O Estado de São Paulo* (1875-), *Gazeta de Alegrete* (1882-), *O Paiz* (1884-1934), *Diário de São Paulo* (1884-), *A Federação* (1883-). Uma prova irrefutável de que a estabilidade do Império solidificou-se, em boa medida, graças à livre circulação da imprensa, bem como à representação dos interesses dos cidadãos no Parlamento (cf. Carvalho; Bastos; Basile, 2018, ibid.; cf. Corrêa, 2019).

2. O socialismo marxista e a morte da livre informação

Vladimir Illich Ulianov, Lenin (1870-1924), principal propagandista da Revolução Bolchevique (1918), escreveu uma obra em que colocou os princípios básicos do novo regime por ele pretendido, ao ensejo da "ditadura do proletariado": *O Estado e a Revolução* (1917) (cf. Lênin; Mandel, 1975). Publicou, também, numerosos artigos revolucionários no Jornal *Faísca (Iskra)*. Filho de um funcionário público do regime czarista na área da educação, conservou do seu progenitor a ideia de que era necessário explicar detalhadamente as estruturas da sociedade e do Estado às novas gerações.

O jovem Lênin, no entanto, interpretou esse ideal como um esforço criativo das novas instituições a serviço do proletariado, enquadrado esse ideal dentro do estreito conceito desenvolvido por Karl Marx (1818-1883) de um governo centralizador e messiânico que conduzisse as lutas populares para a conquista definitiva do poder e a destruição do Estado burguês. Nada de luta em prol da liberdade sindical ou de pluralismo de organizações populares. Era necessário enquadrar tudo dentro do conceito monotemático de Marx, de que somente ele era o inspirador do movimento de libertação do operariado, num contexto de rígido autocratismo revolucionário, que foi cedo assimilado por Lenin, e que se contrapunha à liberdade sindical vigente em países como Inglaterra, Alemanha ou França. Na sua formação intelectual como advogado na Universidade de Kazan, o jovem Lenin sofreu a influência radical de Gueorgui Plekhanov (1856-1918), um dos mais destacados marxistas russos, que lhe permitiram aprofundar no conhecimento da obra de Marx, tendo lido *O Capital* e os numerosos artigos escritos pelo filósofo acerca das lutas operárias na *Nova Gazeta Renana*.

Em Paris, onde Marx morou nos idos de 1840, o jovem ativista e pensador se contrapôs ao modelo de sindicalismo aberto à participação política, sob o comando de várias lideranças que consultavam os interesses do operariado. Marx rejeitou decididamente o modelo sindical democrático e propôs um tipo messiânico-populista, inspirado nas ideias saint-simonianas, no qual ele próprio apareceria como o libertador das massas proletárias. Esse é o ideal que transparece no *Manifesto Comunista* (1848), de autoria de Marx e Friedrich Engels (1820-1895), bem como nos inúmeros artigos revolucionários publicados por Marx na *Nova Gazeta Renana* e nos *Cadernos Franco-Alemães*, jornais dirigidos por ele (cf. Marx, 1984; Wilson, 1986: 315-318. Cf. Paim, 2009).

A publicação de artigos na imprensa tinha para Marx uma única finalidade: acelerar a revolução proletária na Europa, a fim de destruir o Estado burguês e substituí-lo pelo socialismo científico, na ditadura do proletariado. Marx rompeu com todos os que se apresentavam com ideias socialistas diferentes do radicalismo revolucionário. Brigou com um anarquista que defendia ideias socialistas moderadas como Pierre-Joseph Proudhon (1809-1865) e com um militante socialista que foi seu amigo, mas que defendia um sindicalismo moderado, aberto às eleições para o Parlamento alemão como Ferdinand Lassalle (1825-1864) (cf. Paim; Prota; Vélez, 2015; cf. Paim, 2009).

Lenin adotou uma posição radical semelhante à adotada por Marx. Essa opção levou-o a organizar com mão de ferro a liderança do partido bolchevique, que dominou a cena política na Rússia em 1917, tendo comandado a implantação do comunismo após a revolução proletária de 1918, no período que se estendeu até 1924, ano da sua morte. A imprensa, para Lenin, tinha um único papel: acelerar a revolução socialista para implantar a ditadura do proletariado. Os jornais eram, portanto, instrumentos de propaganda a serviço da revolução comunista. A mídia, consequentemente, não tinha nenhuma finalidade de informação aos sindicatos ou de mecanismo de aperfeiçoamento da democracia representativa, que era simplesmente ignorada como uma excrescência burguesa. A informação objetiva dos fatos cedeu lugar à narrativa revolucionária (cf. Wilson, 1986: 339-342). A mesma atitude que é cultivada, hoje, no Brasil, pela imprensa esquerdista dita "progressista".

O BRASIL: DEVEMOS SUPERAR O CIENTIFICISMO, MEDIANTE A CRÍTICA CULTURAL

Com a instauração da República, em 1889, as elites brasileiras se desligaram da experiência de construção do Governo Representativo que tinha vingado no Império. A política voltou a girar ao redor do velho cientificismo de inspiração pombalina, agora potencializado pela influência das ideias positivistas, adotadas pelos Militares e aplicadas ao campo da educação nas reformas ensejadas pelo primeiro governo republicano.

Destaquemos, de entrada, que a solução não percorre o caminho das narrativas escatológicas, em que as pessoas desaparecem acorrentadas a soluções que transcendem a individualidade, para se situarem num contexto de luta do final dos tempos, em que o sujeito é simples ficha nas mãos de um destino implacável. Tal parece ser, no meu entender, o tipo de solução final de ideólogos tradicionalistas como René Guénon (1886-1951), Julius Evola (1898-1974), Olavo de Carvalho (1947-) ou Steve Bannon (1953-) (cf. Teitelbaum, 2020).

Situando-se no mundo do dia a dia da política possível, como diria Aristóteles, o recentemente falecido Antônio Paim (1927-2021), considerava que é necessário superar a tendência de cunho cientificista que afeta a cultura brasileira e que, nas últimas décadas, ensejou intrincado sistema corporativo pacientemente construído pelo PT, sob a liderança, entre outros, de Paulo Freire (1921-1997) e Moacir Gadotti (1941-), alicerçado nos sindicatos de docentes das escolas públicas (estaduais e municipais) e que terminou se apossando da seara da educação. Segundo entrevista concedida à *Revista Época*, Paim frisava que "O Brasil é o único país do mundo, além da França, onde o comunismo parece que não acabou". Ele disse, ainda, que "um marxismo vagabundo prolifera nos campi nacionais" (Evelin, 2019).

Há um meio para superar esse cientificismo rasteiro que tudo invadiu e que, na área jurídica, produziu pérolas como o "direito achado na rua". Esse meio é a crítica cultural e as reformas que libertem a educação da ditadura sindical. Ora, essas reformas pressupõem uma concepção ampla da cultura que, certamente, não se encontra na vulgata marxista. Duas iniciativas, no sentir do Paim, podem ajudar a mudar o quadro no terreno educacional: a implantação da denominada "educação para a cidadania" no ciclo do ensino fundamental e a formação humanística nos demais ciclos, que abandonaram a perspectiva das humanidades ao ensejo das reformas tecnocráticas das últimas décadas.

Para debater com os professores do ensino fundamental uma proposta concreta, foi publicada, pelo Instituto de Humanidades (fundado em 1986 por Antônio Paim, Leonardo Prota e Ricardo Vélez Rodríguez) a obra intitulada: *Cidadania: o que todo cidadão precisa saber* (cf. Paim, Prota, Vélez, 2002). Para orientar os interessados no estudo das Humanidades, foi proposto, pelo Instituto, o *Curso de Humanidades* (cf. Paim, Prota, Vélez, 2004).

Em relação à formação de uma nova geração de liberais e liberais-conservadores, Antônio Paim e Alex Catharino (1974-) frisaram o seguinte: "*A emergente geração de liberais, incluindo libertários e conservadores, que desejam ocupar espaço no mundo acadêmico ou na vida política necessita estar consciente da obrigação de buscar uma formação intelectual permanente. Há uma exigência de um programa continuado de estudos, motivo pelo qual achamos pertinente oferecer aqui mais algumas indicações. Na formação de novas lideranças liberais dois fatores devem ser levados em consideração. Por um lado, é importante manter o contato com as fontes externas da doutrina liberal, pois o conhecimento das reflexões e dos deveres elaborados no exterior sempre foi um fator importante para o desenvolvimento do liberalismo brasileiro, ao fornecer uma perspectiva mais ampla. Por outro lado, não podemos negligenciar o legado das gerações liberais anteriores, visto que sem a compreensão histórica dos problemas com os quais nossos antecessores lidaram, correremos o risco de criar um entendimento do liberalismo dissociado da realidade concreta do nosso país, pervertendo a doutrina ao transformá-la em uma mera ideologia. No intuito de entender melhor esses dois ditames em nossa realidade, recomenda-se a leitura do livro História do liberalismo brasileiro (São Paulo: LVM Editora, 2ª ed., 2018), de Antônio Paim*" (Paim; Catharino, in: *Evolução Histórica do Liberalismo*, 2019, pp. 270-271).

Ricardo Vélez Rodríguez

REFERÊNCIAS

BAHIA, Juarez. *Jornal, História e Técnica 2: as Técnicas do Jornalismo.* São Paulo: Editora Ática, 1990.

BARDIN, Lawrence. *Análise de Conteúdo.* São Paulo: Edições 70, 2016.

BELTRÃO, Luiz. *A Imprensa Informativa.* São Paulo: Editor Folco Massucci, 1969.

BELTRÃO, Luiz. *Jornalismo Opinativo.* Porto Alegre: Sulina, 1980.

BURKE, Edmund. *Reflexões sobre a Revolução na França/Edmund Burke*;, tradução, apresentação e notas de José Miguel Nani Soares – São Paulo: Edipro, 2014.

CALDAS, Álvaro. *Deu no Jornal: o jornalismo impresso na era da internet.* São Paulo: Edições Loyola, 2002.

CARVALHO, José Murilo de; BASTOS, Lúcia; BASILE, Marcelo (2018). "Guerra literária: os panfletos da Independência brasileira". In: *Revista 200.* Brasília: Ministério das Relações Exteriores / Grupo de Trabalho do Bicentenário da Independência. Número 1. (dezembro 2018): pp. 137 ss, 2018.

CHAPARRO, 1998, in MELO, José Marques de. *Jornalismo Brasileiro.* Porto Alegre: Sulina, 2003.

CHESTERTON, G. K. (Gilbert Keith), 1874 –1936. *O homem eterno ,/ G. K. Chesterton*; tradução Almiro Pisetta. – 2. Ed. – São Paulo: Mundo Cristão, 2018.

CHESTERTON, G. K. (Gilbert Keith), 1874-1936. *Ortodoxia / G. K. Chesterton*; , tradução Almiro Pisetta. – 2. Ed. – São Paulo: Mundo Cristão, 2017.

Conselhos aos governantes, 2° edição / Isócrates... Et al. – Brasília: Senado Federal, 2000.

CONSTANT de Rebecque, Henry Benjamin (1872). *Cours de Politique Constitutionnelle ou Collection des ouvrages publiées sur le gouvernement représentatif.* (Prefácio, introdução e notas de Édouard Laboulaye). 2ª edição. Paris: Guillaumin, 2 volumes, 1782.

CONSTANT de Rebecque, Henry Benjamin.*(1986). De l'esprit de conquête et de l'usurpation dans leurs rapports avec la civilisation européenne.* (Introdução, notas e bibliografia a cargo de Éprhaïm Harpaz). Paris: Flammarion / Centre National des Lettres, 1986.

CONSTANT de Rebecque, Henry-Benjamin (1997). . *Principes de Politique applicables à tous les Gouvernements.*(Vversion de 1806-1810.). (Prefácio de Tzvetan Todorov, introdução de Etienne Hofmann). Paris: Hachette, 1997.

CONSTANT de Rebecque, Henry-Benjamin (1970). *Princípios de política.* (Tradução ao espanhol a cargo de Josefa Hernández Alonso; introdução de José Alvarez Junco). Madrid: Aguilar, 1970.

CORRÊA, Arsênio Eduardo.*(2019). A monarquia constitucional e a contribuição de José Bonifácio de Andrada e Silva.* (Apresentação de Antônio Paim). Campinas: Vide Editorial, 2019.

COSTA, 2013 in MELO, José Marques de. *Jornalismo Brasileiro.* Porto Alegre: Sulina, 2003.

COSTA, Hipólito da (1808). *Correio Brasiliense*, Londres, : número I. 1808.

DA SILVA, Jandira M., CLEMENTE, Ir. Elvo e BARBOSA, Eni. *Breve Histórico da Imprensa Sul-Rio-Grandense.* Porto Alegre: CORAG, 1986.

DE GRANDI, Celito. *Diário de Notícias: O romance de um jornal.* Porto Alegre: L&PM, 2005.

DINES, Alberto. *O papel do jornal.* São Paulo: Summus, 1986.

DORNELLES, Beatriz (org). *PUCRS: 50 anos Formando Jornalistas.* Porto Alegre: EDIPUCRS, 2002.

DORNELLES, Beatriz. *O local em destaque: jornais de bairro x cadernos de bairros.* Disponível em: <https://periodicos.ufsc.br/index.php/jornalismo/article/view/1984-6924.2012v9n1p244 https://periodicos.ufsc.br/index.php/jornalismo/article/view/1984- 6924.2012v9n1p244/22318> acesso Acesso em: 17 de setembro de 2021. 30.03.2018.

DOSTOIÉVSKI, Fiódor, 1821 – 1881. *Memórias da Casa dos Mortos* / Fiódor Dostoiévski,; tradução Natália Nunes; introdução Otto Maria Carpeaux. – (2. ed.) – Rio de Janeiro: Nova Fronteira, 2018.

EVELIN, Guilherme. "Quem é Antônio Paim, o filósofo baiano que fez a cabeça do Ministro da Educação" – Entrevista. *Revista Época*. Rio de Janeiro, 12-01-2019.

FAORO, Raymundo.*(1958). Os donos do poder: formação do patronato político brasileiro.* 1ª edição. Porto Alegre: Editora Globo, 2 vol., 1958.

FERNANDES, Alessandra L. *Jornalismo: especialização e segmentação.* Curitiba: Intersaberes, 2017.

FERREIRA, Fábio Gonçalves, 2012. *Gêneros Jornalísticos no Brasil, estado da arte.* Disponível em: http://www.portcom.intercom.org.br/revistas/index.php/bibliocom/article/viewFile/1194 /1114>. Aacesso em: 17 de setembro de 2021. 09.03.2018.

FIGES, Orlando. *Uma história cultural da Rússia,* /Orlando Figes; tradução de Maria Beatriz de Medina. 2 ed. – Rio de Janeiro: Record, 2018.

FLAUBERT, Gustave, 1821 – 1880. 2. ed. *Cartas Exemplares*, tradução de Carlos Eduardo Lima Machado. – Rio de Janeiro: Imago Ed., 2005.

GAILLARD, Philippe. *O Jornalismo.* Lisboa: Sociedade Industrial Gráfica Telles da Silva, Ltda, 1974.

GALVANI, Walter. *Olha a Folha: Amor: Traição e Morte de um Jornal.* Porto Alegre: Sulina, 1996.

GILBERT, Martin. *Churchill: uma vida*, tradução de Vernáculo Gabinete de tradução. – Rio de Janeiro: Casa da Palavra, 2016.

GONZAGA, Tomaz Antônio – Pseud. CRITILO – (1940). *Cartas Chilenas (Precedidas de uma epístola atribuída a Claudio Manoel de Castro).* (Introdução e Notas de A. Arinos de Melo Franco). Rio de Janeiro: Imprensa Nacional, 1940.

GUERREIRO, Homero. *Jornal do Comércio: 60 anos.* Porto Alegre: Jornal do Comércio, 1994.

GUIZOT, François.(1864). *Histoire de la Civilisation en Europe depuis la chute de l'Empire Romain jusqu'à la Révolution Française.* 8a. edição, Paris: Didier, 1864.

GUIZOT, Françoiss (1990). *Historia de la Civilización en Europa.* 3ª edição. (Tradução de F. Vela; prólogo de José Ortega y Gasset, "Guizot y la Historia de la Civilización em Europa". Madrid: Alianza Editorial. Coleção "El Libro de Bolsillo", nº 5, 1990.

HAMILTON, Alexander; MADISON, James; JAY, John (1973). *O Federalista*. 1ª edição. (Trad. de A. Della Nina; sel. De textos de F. Weffort). São Paulo: Abril Cultural. Coleção "Os Pensadores", 1973.

HAYEK, Friedrich A. von, 1899-1992. *Os erros fatais do socialismo* / F.A Hayek,; tradução Eduardo Levy. – 1. ed. – Barueri: Faro Editorial, 2017.

JEFFERSON, Thomas. *Escritos Políticos*. 1ª edição. (Tradução de L. Gontijo de Carvalho; sel. De textos de F. Weffort). São Paulo: Abril Cultural. Coleção "Os Pensadores", 1973.

JOHNSON, Paul. *Napoleão*. Rio de Janeiro: Objetiva, 2003.

JOUVENEL, Henri de (1968). *A vida tormentosa de Mirabeau*. 2ª edição. (Tradução de Galvão de Queiroz). Rio de Janeiro: Editora Vecchi, 1968.

KOTSCHO, Ricardo. *A Prática da Reportagem*. São Paulo: Editora Ática S.A, 1989.

KUNCZIK, Michael. *Conceitos de Jornalismo*. São Paulo: Editora da Universidade de São Paulo, 1997.

LAGE, Nilson. *Estrutura da Notícia*. São Paulo: Editora Ática S.A, 1993.

LAGE, Nilson. *Ideologia e Técnica da Notícia*. Florianópolis: Insular, Ed. da UFSC, 2001.

LAROUSSE, Pierre. *Napoléon*. (Prefácio de M. Agulhon). Montréal: Mémoire du Livre, 2002.

LAS CASES, Emmanuel de. *Mémorial de Saint-Hélène*. (Prefácio de Jean Tulard; apresentação e notas de Joël Schmidt).Paris: Seuil.

LEMOS, Cândida Emília Borges e Pereira, Reinaldo Maximiliano. *Jornalismo hiperlocal no contexto multimídia: um relato da experiência do jornal-laboratório Contramão*.Online. São Paulo: Intercom, 2011. Disponível em: < http://www.intercom.org.br/papers/regionais/sudeste2011/resumos/r24-0588-1.pdf> Acesso em: 17 de setembro de 2021.

LENIN, Vladimir Illich Ulianov / e MANDEL Ernest. *O Estado*. 2ª edição. (Tradução de R. Fonseca). Lisboa: Edições Delfos, 1975.

LETRIA, José Jorge e GOULÃO, José. *Noções de Jornalismo*. Lisboa: Livros Horizonte, 1986.

LOCKE, John. *Ensayo sobre el Gobierno Civil*. (Tradução de A. Lázaro Ros; introd. De L. Rodríguez Aranda). Madrid: Aguilar. Coleção "Iniciación Política", 1973.

LOCKE, John. *Two Treatises of Government*. (Introdução e notas de Peter Laslett).New York: Cambridge University Pres, 1965.

LUDWIG, Emil. *Napoleão.* 10ª edição. (Trad. revista por M. de Sá).Rio de Janeiro / Porto Alegre / São Paulo: Editora Globo, 1957.

MACEDO, Ubiratan e Ricardo VÉLEZ Rodríguez. *Liberalismo doutrinário e pensamento de Tocqueville.* Londrina: Instituto de Humanidades; Rio de Janeiro: Universidade Gama Filho. Curso de Introdução Histórica ao Liberalismo, vol. II, 1996.

MACEDO, Ubiratan. "O liberalismo político". In: Antônio Paim (organizador). *Evolução histórica do Liberalismo.* Belo Horizonte: Itatiaia, pgs. 33-44. 1987.

MACEDO, Ubiratan. *A liberdade no Império: o pensamento sobre a liberdade no Império brasileiro.* São Paulo: Convívio, 1977.

MANUAL da redação: Folha de São Paulo. São Paulo: Publifolha, 2001.

MARKHAM, F. M. H. *Napoleão e o despertar da Europa.* (Tradução de A. Blacheyre). Rio de Janeiro: Zahar Editores, 1963.

MARX, Karl; ENGELS, Friedrichh. *A ideologia alemã (Feuerbach).* (Tradução de C. Bruni e M. A. Nogueira). São Paulo: Hucitec, 1987.

MARX, Karl; ENGELS, Friedrich. O Manifesto Comunista. (Edição preparada porDavidpor David Boyle). Rio de Janeiro: Zahar, 2006.

MARX, Karl. *Manuscritos Econômico-Filosóficos e outros textos escolhidos.* (Seleção de J. A. Giannotti; tradução de J C. Bruni, J. A. Giannotti, E. Chaves, E. Malagodi W. Rehfeld e L. Konder). São Paulo: Abril Cultural. Coleção "Os Pensadores", 1984.

MCGRATH, Alister. *A vida de C. S. Lewis: do ateísmo às terras de Nárnia,* traduzido por Almiro PisettaSão Paulo: Mundo Cristão, 2013.

MEDINA, Cremilda de Araújo. *Entrevista: o diálogo possível.* São Paulo: Ática, 2008.

MELO, José Marques de, 2007, in VAZ, Tyciane Viana. *Gênero Utilitário: Presença nos jornais Folha de S. Paulo e O Estado de S. Paulo.* São Paulo: Intercom, 2008. Disponível em <http://www.intercom.org.br/papers/regionais/sudeste2008/resumos/R9- 0204-1.pdf. Acesso em: 17 de setembro de 2021.

MELO, José Marques de. *Jornalismo Brasileiro.* Porto Alegre: Sulina, 2003.

MÉLONIO, Françoise. "1815-1880". In: BAECQUE, Antoine de e Françoise MÉLONIO, *Histoire culturelle de la France,* vol. 3 – Lumières et liberté, les dix-huitième et dix-neuvième siècles. Paris: Seuil, pp. 195 ss, 1998.

MOLINA, Matias M. *Um jornal no devido lugar.* Online. 2012. Disponível em: <http://www.valor.com.br/cultura/2675566/um-jornal-no-devido--lugar> Acesso em: 02.03.2018.17 de setembro de 2021.

MONTAIGNE, Michel Eyquem de, 1533-1592. *Ensaios.* Tradução de Sérgio Milliet. – 3. ed. – São Paulo: Abril Cultural, 1984.

MONTENEGRO, Cordeiro. *Tiradentes, esquisse biographique – Souvenir du premier centennaire clélébré à Paris et à Berlin par la Jeunesse brésilienne.* Paris: Autor, 1892.

MORAES, Roque. Análise de conteúdo. Revista Educação. Porto Alegre, v. 22, n. 37, p. 7-32,Online.1999. Disponível em <https://edisciplinas.usp.br/pluginfile.php/4125089/mod_resource/content/1/RoqueMoraes_Analise%20de%20conteudo-1999.pdf>Acessoem:17desetembrode2021.

MURY, Lydia. *Tiradentes.*Rio de Janeiro: Editora Três,. 1973.

NECKER, Jacquess. *Dernières vues de politique et de finance, offertes à la Nation Française par M. Necker.* Paris: Bibliothèque de France, 2 volumes, 1802.

ORTEGA y Gasset, José. "Guizot y la Historia de la civilización en Europa". In: François Guizot, *Historia de la civilización en Europa.* (Prólogo de José Ortega y Gasset. Tradução ao espanhol de Fernando Vela). 3ª edição. Madrid: Alianza Editorial, 1990.

OTS Capdequí, José María. *Historia del derecho español en América y del derecho indiano.* Madrid: Aguilar, 1968.

PAIM, Antônio; PROTA, Leonardo; VÉLEZ Rodríguez, Ricardo. *Curso de Humanidades, Programa.* Londrina: Edições Humanidades, 2004.

PAIM, Antônio; PROTA, Leonardo; VÉLEZ Rodríguez, Ricardo. *Cidadania: o que todo cidadão precisa saber.* Rio de Janeiro: Expressão e Cultura. Coleção "Páginas Amarelas", nº 39, 2002.

PAIM, Antônio; PROTA, Leonardo; VÉLEZ Rodríguez, Ricardo. *Curso de Ciência Política.* Londrina: Instituto de Humanidades / Faculdade Arthur Thomas, 2015.

PAIM, Antônio. *Evolução histórica do liberalismo.* 2ª ed. revista e ampliada. São Paulo: Editora LVM, 2019.

PAIM, Antônio. *História do liberalismo brasileiro.* 2ª edição. São Paulo: LVM Editora, 2018.

PAIM, Antônio. *Marxismo e descendência.* 1ª edição. Campinas: Vide Editorial. 2009.

PAIM, Antônio (2014).*Momentos decisivos da história do Brasil.* 2ª ed. revista e ampliada. Campinas: Vide Editorial, 2014.

PAINE, Thomas. *Senso comum.* 1ª edição. (Trad. de A. Della Nina). São Paulo: Abril Cultural, 1973.

PELLANDA, Eduardo Campos e BARBOSA, Suzana. *Jornalismo e mídias móveis no contexto da convergência.* Porto Alegre: EDIPUCRS. 2014. Disponível em <http://feevale.bv3.digitalpages.com.br/users/publications/9788539704217>. Acesso em: 05.03.2018.17 de setembro de 2021.

PENA, Felipe. *Teoria do Jornalismo.* São Paulo: Contexto. 2005. Disponível em: <http://feevale.bv3.digitalpages.com.br/users/publications/9788572442848/pages/6http://feevale.bv3.digitalpages.com.br/users/publications/9788572442848/pages/6>). Acesso em: 17 de setembro.

PENNA, José Osvaldo de Meira. "O pensamento de Tocqueville". In: Antônio Paim (organizador). *Evolução histórica do liberalismo.* Belo Horizonte: Itatiaia, pg. 45-55, 1987.

PINHEIRO Ferreira, Silvestre. "Choque entre tendências liberais na época de dom João VI" (Transcrição de algumas das "Cartas sobre a Revolução do Brasil:"). In: *Humanidades*, Brasília, I, no. 4: pgs. 117-122, 1983.

PIZA, Daniel. *Jornalismo Cultural.* São Paulo: Contexto, 2010.

PLEKHÂNOV,G. V. *Os princípios fundamentais do marxismo.* (Prefácio de D. Riazanov; tradução de Sônia Rangel). 2ª edição. São Paulo: Hucitec, 1989.

PONDÉ, Luiz Felipe, *1959 – Crítica e Profecia: a filosofia da religião em Dostoiévsk.i//* Luiz Felipe Pondé. – São Paulo: LeYa, 2013.

POSADA, Francisco. *El movimiento revolucionario de Los Comuneros.* 2ª edição. Bogotá: Siglo XXI de Colombia Ltda. "Colección Mínima", nº 41, 1975.

PRADO, Magaly. *Webjornalismo.* Rio de Janeiro: LTC, 2011.

ROSANVALLON, Pierre. *Le moment Guizot.* Paris: Gallimard, 1985.

ROSSI, Clóvis. *O que é jornalismo.* São Paulo: Brasiliense, 2006.

ROUSSEAU, Jean-Jacques. *Du contrat social.* Paris: Garnier / Flammarion, 1966.

RÜDIGER, Francisco. *Tendência do Jornalismo.* Porto Alegre: Ed. da UFRGS, 2003.

SCHOPENHAUER, Arthur, 1788 1860. *A arte de escrever/* Arthur Schopenhauer; tradução, organização, prefácio e notas de Pedro Süssekind. – Porto Alegre: L&PM, 2020.

SCRUTON, Roger., *1944 – Como ser um conservador,* / Roger Scruton; Ttradução de Bruno Garschagen; revisão técnica de Márcia Xavier de Brito. – 8. ed. – Rio de Janeiro: Record, 2018.

SEQUEIRA, Cleofe e BICUDO, Francisco. *Jornalismo Comunitário: Conceitos, Importância e Desafios Contemporâneos.* Santos: Intercom, 2007.

SIEYÈS, Emmanuel. *Qué es el Tercer Estado?*(Introdução, tradução e notas de F. Ayala). Madrid: Aguilar, "Biblioteca de Iniciación Política", 1973.

SMITH, Adam. *A riqueza das nações: investigação sobre sua natureza e suas causas.* São Paulo: Abril Cultural, 1983.

SOUZA, Kleber Mazziero de. *Gêneros informativo e opinativo: a necessidade de transformação do discurso do jornal e da revista do jornal.* São Paulo: Fórum Nacional de Professores de Jornalismo Escola Superior de Propaganda e Marketing 2013. Disponível em: <http://www.fnpj.org.br/soac/ocs/viewpaper.php?id=950&cf=26>. Aacesso em: 17 de setembro.

SUÁREZ, Francisco. *De Legibus, Livro I, Da Lei em geral.* (Trad. de G. Moita e L. Cerqueira, apresentação de M. de Castro Henriques). Lisboa: Tribuna da Imprensa, 2004.

TEITELBAUM, Benjamin R. *Guerra pela eternidade: o retorno do Tradicionalismo e a ascensão da direita populista.* (Tradução de C. Costa). Campinas: Editora da Unicamp, 2020.

TEIXEIRA, Helena Silva. *Comunicação comunitária e jornalismo cidadão: diferenças teóricas e a apropriação mercadológica.* Curitiba: Rev. Estud. Comum, 2012.

TERROU, Fernand. *A Informação. São Paulo: Difusão Europeia do Livro.* Paris:(Presses Universitaires de France, Paris) 1964.

TOCQUEVILLE, Alexis de. *L 'Ancien Régime et la Révolution.* (Prefácio, Notas e Bibliografia elaborados por F. Mélonio). Paris: Flammarion, 1988.

TOCQUEVILLE, Alexis de. *A democracia na América.* (Tradução, prefácio e notas de N. Ribeiro da Silva). 2ª edição, Belo Horizonte: Itatiaia; São Paulo: Edusp, 1977.

TOCQUEVILLE, Alexis de. *O Antigo Regime e a Revolução*. (Apresentação de Z. Barbu; introdução de J. P. Mayer; tradução de Y. Jean). Brasília: Editora da Universidade de Brasília; São Paulo: Hucitec, 1989.

TODOROV, Tzvetan. *Benjamin Constant- La passion démocratique*. Paris: Hachette, 1997.

TORRES, Antônio. *Razões da Inconfidência*. Belo Horizonte: Itatiaia, 1957.

TRAQUINA, Nelson. *Teorias do Jornalismo, porque as notícias são como são*. Florianópolis: Insular, 2. ed., 2005.

VÁRIOS AUTORES. *Autos da Devassa da Conjuração Mineira*. Rio de Janeiro: Biblioteca Nacional, 7 vol., 1936-1938.

VASCONCELOS, Mariana Lima e col. Caricatura no Jornalismo: O Gênero Opinativo em Prática. Disponível em: http://www.intercom.org.br/PAPERS/REGIONAIS/SUDESTE2012/expocom/EX33- 0267-1.pdf. Acesso em: 7 de setembro de 2021.

VÉLEZ Rodríguez, Ricardo (1997). "A problemática do liberalismo democrático no pensamento de Alexis de Tocqueville". In: *Carta Mensal*. Rio de Janeiro, vol. 43, no. 503: pg. 3-38, 1997.

VÉLEZ Rodríguez, Ricardo. (2004). "Napoleão I (1769-1821) Imperador dos Franceses". *Carta Mensal*, Rio de Janeiro (v. 50, n. 595): pp. 15-90, out. 2004.

VÉLEZ Rodríguez, Ricardo. *Castilhismo: uma filosofia da República*. 2ª edição corrigida e ampliada. Brasília: Edições do Senado Federal, volume 145, 2010.

VÉLEZ Rodríguez, Ricardo. *Luz nas trevas: Ensaios sobre o Iluminismo*. Guarapari/ES: Editora Ex Libris, 2007.

VÉLEZ Rodríguez, Ricardo. *Tópicos especiais de filosofia moderna*. 1ª edição. Juiz de Fora: Editora da Universidade Federal de Juiz de Fora / Londrina: Editora da Universidade Estadual de Londrina, 1995.

WEBER, Max, 1864-1920. *A ética protestante e o "espírito" do capitalismo / Max Weber*; tradução José Marcos Mariani de Macedo; revisão técnica, edição de texto, apresentação, glossário, correspondência vocabular e índice remissivo Antônio Flávio Pierucci. – São Paulo: Companhia das Letras, 2004.

WEBER, Max *Economia y sociedad*. 1ª edição em espanhol. (Tradução de J. Medina Echavarría et alii). México: Fondo de Cultura Económica, 4 vol, 1944.

WILSON, Edmund. *Rumo à Estação Finlândia: Escritores e atores da história.* (Tradução de P. Henriques Brito). São Paulo: Companhia das Letras, 1986.

WITTFOGEL., Karl. *Le despotisme oriental.* (Tradução francesa de M. Puteau). Paris: Minuit, 1977.

ZANCHETA, Juvenal. *Imprensa escrita e telejornal.* São Paulo: UNESP, 2004.

ZIMMER, Ianker. *A filosofia do fracasso: ensaios antirrevolucionários.* 1ª ed. – Maringá: Viseu, 2020.